DISCLAIMER

The author and publisher are providing this book and its contents on an "as is" basis and make no representations or warranties of any kind with respect to this book or its contents. The author and publisher disclaim all such representations and warranties, including but not limited to warranties of merchantability. In addition, the author and publisher do not represent or warrant that the information accessible via this book is accurate, complete, or current.

Except as specifically stated in this book, neither the author nor publisher, nor any authors, contributors, or other representatives will be liable for damages arising out of or in connection with the use of this book. This is a comprehensive limitation of liability that applies to all damages of any kind, including (without limitation) compensatory; direct, indirect, or consequential damages; loss of data, income, or profit; loss of or damage to property; and claims of third parties.

This Book Offers Free Bonus Puzzles

Available Here:

BestActivityBooks.com/WSBONUS20

5 TIPS TO START!

1) HOW TO SOLVE

The Puzzles are in a Classic Format:

- Words are hidden without breaks (no spaces, dashes, ...)
- Orientation: Forward & Backward, Up & Down or in Diagonal (can be in both directions)
- Words can overlap or cross each other

2) LEVEL UP THE GAME!

A space is provided next to each word to write new ones, translations or notes. We also offer a convenient **NOTEBOOK** at the end of this edition. It can help you organize your annotations, new words and/or observations.

3) TAG YOUR WORDS

Have you tried using a tag system? For example, you could mark the words which have been difficult to find with a cross, the ones you loved with a star, new words with a triangle, rare words with a diamond and so on...

4) EASY TO CUT!

The Puzzles come with an Extra Large margin to easily cut the page out of the book. Some people may feel it more convenient to solve them this way.

5) FINISHED?

Go to the bonus section: **MONSTER CHALLENGE** to find a free game offered at the end of this edition!

Want **more fun** and activities to **relax? It's Fast and Simple!** An entire Game Book Collection **just one click away!**

Find your next challenge at:

BestActivityBooks.com/MyNextWordSearch

Ready, Set... Go!

Did you know there are around 7,000 different languages in the world? Words are precious.

We love languages and have been working hard to make the highest quality books for you. Our ingredients?

One part easy-to-read print, three parts entertainment, then we add some challenging words and a pinch of rare ones. We brew them with care to serve you lots of fun and an opportunity to solve the best puzzles.

Your feedback is essential. You can be an active participant in the success of this book by leaving us a review. Tell us what you liked most in this edition!

Here is a short link which will take you to your Amazon orders review page.

BestBooksActivity.com/Review50

Thanks for your fidelity and enjoy the Game!

 *Delta Classics Team*

Puzzle 1

```
C P R E F E R I S C O N O O L
F O I G G A M R Q U A L I T À
B D M U F F I C I A L E F D S
K M A P M O Y L J M V W O G D
U P E U L U M E G I O F T O I
M O T J T E R E D N A P S E P
O L O A Z O T Q B I D P E N I
R V B F F M R O G M I O I O N
A E S R O F Y E O O C L H S G
L R H H E W I H B U U L C R E
E O Q Y S U R T X J L I I E R
O S S E C C U S T W J C R P E
Q O E N E R G I A O S E M U P
Z O P R E C E D E N T E Y B X
```

LUCIDA	DIPINGERE
PERSONE	PREFERISCONO
AFFITTO	POLVEROSO
MAGGIO	UFFICIALE
SUCCESSO	ENERGIA
MORALE	RICHIESTO
FORSE	PRECEDENTE
AUTORE	QUALITÀ
UOMINI	COMPLETO
POLLICE	ESPANDERE

Puzzle 2

```
S  H  O  I  H  C  C  E  R  O  S  Q  S  R  P
P  E  I  Z  X  N  I  B  Z  B  E  N  I  C  R
R  L  G  D  M  C  J  N  Y  X  C  Z  L  A  O
E  A  G  U  C  T  N  G  T  V  C  P  E  N  V
V  C  A  S  I  K  Y  E  M  U  A  P  N  C  A
E  S  T  R  C  R  P  J  L  F  R  A  Z  E  R
N  I  N  H  F  Z  E  X  S  D  Z  A  I  L  E
I  F  A  N  C  S  N  M  X  Y  F  G  O  L  O
R  H  V  F  B  Q  F  O  D  O  T  E  M  O  S
E  G  S  V  E  N  G  A  T  N  O  M  K  X  K
A  F  F  O  N  D  A  R  E  A  W  L  E  A  X
I  C  O  R  A  G  G  I  O  S  A  Q  S  Z  F
O  B  I  E  T  T  I  V  O  F  O  G  L  I  A
S  I  T  U  A  Z  I  O  N  E  A  J  H  I  M
```

SITUAZIONE	CORAGGIOSA
SEGUIRE	NOTA
VANTAGGIO	ORECCHIO
FOGLIA	FISCALE
METODO	SUD
PROVARE	SANO
PREVENIRE	MONTAGNE
CINTURA	AFFONDARE
CANCELLO	SILENZIO
OBIETTIVO	SECCA

Puzzle 3

```
J  Z  H  U  D  O  C  I  G  A  R  T  D  A  W
S  E  D  U  T  A  A  X  P  V  E  R  E  S  Q
A  M  N  Y  I  A  M  W  H  W  R  U  N  S  T
A  G  A  N  B  Z  M  A  N  D  A  T  O  I  C
M  I  R  G  M  C  E  I  R  E  S  M  I  C  H
E  M  S  I  R  Q  L  H  Z  L  S  A  S  U  I
R  O  C  L  F  O  L  X  F  X  O  N  S  R  P
I  R  O  I  X  O  O  E  G  T  D  U  E  A  Q
C  S  O  N  B  N  G  Y  S  N  N  A  N  N  J
A  O  T  C  A  G  X  L  W  T  I  L  N  O  M
N  H  E  E  T  A  R  X  I  H  I  E  O  V  X
A  P  R  C  V  B  X  H  M  O  R  N  C  A  F
G  O  C  C  I  A  P  P  K  U  L  P  T  A  B
H  G  F  Y  G  K  M  E  C  A  U  S  A  O  C
```

ESTINTO	TRAGICO
SEDUTA	GOCCIA
MANUALE	CHIP
AGRIFOGLIO	BAGNO
AMERICANA	MAGRO
MORSO	ANDATO
SERIE	SCOOTER
LINCE	ASSICURANO
CONNESSIONE	INDOSSARE
CAMMELLO	CAUSA

Puzzle 4

```
I  M  P  O  R  T  A  N  T  E  K  J  C  Y  U
H  A  E  I  F  A  T  B  I  S  O  G  N  O  Q
D  C  J  L  G  V  L  S  B  T  J  F  K  W  G
P  Q  P  O  U  T  O  C  I  R  Q  L  Z  O  Q
E  U  P  A  I  J  C  I  C  O  U  M  N  O  V
T  I  M  I  T  Y  C  A  C  V  A  V  G  P  L
À  S  X  A  Z  N  A  R  H  A  R  B  U  C  O
A  T  U  C  R  Z  R  P  I  T  T  J  Q  P  S
G  O  H  S  L  R  A  A  E  O  O  Q  N  N  O
C  R  B  E  Q  P  O  P  R  Q  Z  F  Q  E  N
X  Q  O  P  D  P  V  N  E  M  A  P  P  A  O
K  C  K  T  K  E  G  V  E  T  A  Z  Z  A  R
C  T  Z  C  T  I  F  A  T  A  L  E  Y  J  O
R  W  Z  K  M  A  S  E  F  I  D  F  D  J  E
```

OLIO	IMPORTANTE
ACQUISTO	SCIARPA
BUCO	MAPPA
TROVATO	FATALE
GROTTA	PIZZA
MARRONE	BISOGNO
ETÀ	BICCHIERE
TAZZA	QUARTO
RACCOLTA	PESCA
DIFESA	SONO

Puzzle 5

```
A  J  E  O  T  P  O  C  C  U  P  A  R  E  F
I  E  S  S  Q  M  R  J  Q  C  Z  I  E  U  E
N  R  P  C  E  I  O  O  R  A  M  A  L  A  C
D  E  E  I  S  S  C  S  G  F  A  R  E  F  X
I  V  L  L  E  U  A  O  C  R  G  U  K  S  I
P  I  L  L  R  R  N  M  U  S  E  A  V  A  Z
E  R  E  A  C  A  D  A  K  S  Q  S  O  L  P
N  C  R  Z  I  R  E  F  I  L  L  V  S  E  N
D  S  O  I  T  E  L  E  V  F  B  I  D  O  L
E  E  L  O  A  I  A  I  R  O  E  T  T  E  W
N  D  O  N  R  I  S  F  D  A  N  E  E  T  V
T  J  C  I  E  H  V  O  K  R  O  L  T  K  A
E  Q  Z  A  O  K  A  T  L  Y  R  K  J  R  A
R  I  U  S  C  I  T  O  D  A  T  T  U  R  F
```

ESERCITARE
FRUTTA
COLORE
CANDELA
INDIPENDENTE
PROGRESSO
TEORIA
OCCUPARE
MISURARE
SLITTA

DESCRIVERE
ISOLA
RIUSCITO
OSCILLAZIONI
SEI
SALE
FAMOSO
PELLE
FARE
CALAMARO

Puzzle 6

```
T R A T T A T O Q M X P M I S
E R M X S W U D E H T R O N A
N C T G B F D B T F C N T V L
C O L O C C O R T A N A O I I
U O T T O I Z I L O P I C O C
V E J T S H Y E C W C R I L E
N L Q S E M B R A V A O C O X
G A M B A N O E Q K H T L C X
N T D A Z U I D P G O S E E L
Z O I D U T S A P E S L T S I
L T J V W Z O C Z Z S V T X S
F I O R I T U R A B O C A L T
L W C O N D O T T A F J E Q A
U L V O L O N T A R I O P C I
```

CADERE   STUDIO
MOTOCICLETTA   LISTA
VOLONTARIO   INVIO
ANATROCCOLO   POLIZIOTTO
SALICE   FIORITURA
ZAINETTO   SECOLO
GAMBA   FOSSO
TOTALE   TRATTATO
CONDOTTA   PESCE
SEMBRAVA   STORIA

Puzzle 7

```
P  I  N  T  E  N  D  O  P  D  C  E  Q  A  F
T  U  S  T  E  S  S  O  E  A  A  S  A  N  U
S  T  N  A  N  D  A  N  D  O  N  J  K  A  R
A  S  E  T  B  E  Q  L  E  E  T  K  D  L  I
L  O  L  L  E  T  A  R  F  T  O  N  E  I  O
T  U  O  A  Y  G  P  O  R  T  A  R  E  S  S
A  C  B  T  L  I  G  E  L  U  L  V  C  I  O
T  M  E  X  W  F  O  I  C  S  A  L  I  R  F
A  U  D  S  G  Z  Q  S  O  C  O  I  G  D  A
G  Y  B  F  N  U  M  E  R  A  T  O  R  E  T
L  S  E  B  B  E  N  E  U  Y  U  X  W  P  T
I  A  P  O  M  E  R  I  G  G  I  O  W  T  O
A  F  X  Y  S  C  O  N  T  R  A  R  S  I  R
A  B  B  O  N  D  A  N  T  E  P  K  E  Z  E
```

NUMERATORE	FURIOSO
FRATELLO	DEBOLE
SALTA	ANDANDO
TAGLIA	SCONTRARSI
STESSO	GIOCO
SEBBENE	CANTO
PORTARE	RILASCIO
FATTORE	ANALISI
PUNTEGGIO	INTENDO
POMERIGGIO	ABBONDANTE

Puzzle 8

```
S D P V N F C Z C A I T C I A
E I R O T Q K X G Y I W S H K
P M O T T E D R E V U H H V Q
A O L A R R S Q L O Y Y A X Q
R S E S A A R E N S T I M A Q
A T G N B N S O Y R V I O L A
T R R E B G I P E O Q T L C C
O A Z S I E V G A D X T P V I
L R G N N S B T I R G E I S F
A E D I A N G U H R E N D U I
G F R B R I F I U M E N L W N
E C S V E R E C N I V Z T T G
R I I H Z D E C I M O S B E I
F L Z A K F R A G O L A Z K S
```

VIOLA
INSEGNARE
TRASPARENTE
INSENSATO
DORSO
GELO
DIPLOMA
SIGNIFICA
NERA
FRAGOLA

REGALO
NETTI
DECIMO
SEPARATO
VINCERE
FIUME
STIMA
VERDETTO
ABBINARE
DIMOSTRARE

Puzzle 9

```
U D M F Z F M G O E A Q T C P
P R E S O O O I Y S R E R A E
D Y F Y C G B C Z P Q N A N R
A N A R N L I D I O D O S N S
T E K P A I L R N R G I P E O
N N P E T O I A S T U Z O L N
O E X T S K O D E A L A R L A
R V G N R Q K I R Z T L T A L
F E Q A E O E O T I B E O M I
N R L L T Z B J O O O R M P Z
O A K L O I Y A B N V D X A Z
C G N I V P V T W E Y M Q T A
D N G R T N V O A D U L T O T
M O O B O F F E N D E R E A O
```

RADIO
RAGNO
RELAZIONE
PERSONALIZZATO
NEGATIVO
FOGLIO
TEMA
RANA
ESPORTAZIONE
MOBILI

OFFENDERE
CONFRONTA
STANCO
CANNELLA
ROBA
PRESO
BRILLANTE
ADULTO
TRASPORTO
INSERTO

Puzzle 10

```
S  I  N  G  R  E  S  S  O  S  P  C  V  S  G
Z  T  L  I  B  R  E  R  I  A  R  A  I  B  C
L  P  U  K  B  O  R  U  C  S  D  L  S  A  F
L  M  V  D  E  S  T  G  W  A  I  O  T  G  O
W  N  C  S  I  P  O  A  V  R  C  R  A  L  R
Z  O  R  T  N  E  D  G  Z  E  H  E  O  I  M
O  T  A  R  T  S  O  M  M  L  I  T  J  A  A
E  R  L  L  K  A  Z  O  M  L  A  S  W  T  G
T  R  I  V  I  S  T  A  W  O  R  B  V  O  G
T  M  Y  T  J  V  L  U  S  T  A  G  B  D  I
I  N  V  A  D  E  R  E  B  A  R  U  X  O  O
R  I  S  O  L  V  E  R  E  R  E  A  W  Q  S
A  L  E  I  B  L  E  U  Q  N  U  I  H  C  T
A  L  I  M  E  N  T  A  Z  I  O  N  E  Q  A
```

SPESA
STUDI
SOBBALZATO
DENTRO
INGRESSO
ALIMENTAZIONE
VISTA
RISOLVERE
SCURO
LIBRERIA

GUAI
DICHIARARE
INVADERE
RIVISTA
CHIUNQUE
CALORE
SBAGLIATO
TOLLERA
MOSTRATO
FORMAGGIO

Puzzle 11

```
R  B  À  T  I  C  C  I  S  F  V  X  C  T  L
Q  E  R  A  F  F  A  R  U  C  O  H  O  X  U
M  V  S  B  M  W  S  R  I  H  L  D  N  D  C
L  A  M  I  E  N  A  H  O  M  P  U  D  T  E
C  I  Q  A  S  R  C  T  J  T  E  Q  I  R  R
M  H  F  Z  R  T  M  G  V  C  A  R  V  A  T
N  C  H  M  P  I  E  R  E  V  O  D  I  T  O
B  N  O  Z  G  G  T  R  C  O  M  E  D  T  L
N  S  N  N  C  T  K  O  E  N  H  F  I  A  A
C  O  N  F  E  S  S  I  O  N  E  U  O  M  C
T  R  A  N  Q  U  I  L  L  O  Z  P  G  E  Z
F  R  A  T  T  U  R  A  H  N  R  L  G  N  B
F  A  R  F  A  L  L  A  Z  P  M  E  M  T  P
D  S  X  G  Z  V  V  J  D  B  V  O  S  O  U
```

RESISTERE	CAROTA
CHIAVE	CONDIVIDI
CONFESSIONE	COME
MARITO	LUCERTOLA
NONNO	ANNO
DOVERE	CURA
SICCITÀ	FARFALLA
TRATTAMENTO	FRATTURA
TRANQUILLO	AFFARE
CASA	VOLPE

Puzzle 12

```
H  H  B  C  Z  C  R  K  E  D  S  P  C  P  I
T  I  F  U  L  A  E  I  L  C  V  R  U  E  M
D  S  C  L  U  N  A  O  L  R  U  E  C  R  P
E  T  H  L  A  A  L  G  I  L  O  S  C  D  I
R  I  I  A  A  T  I  O  T  X  T  E  H  O  E
I  T  E  E  Q  R  Z  S  T  Q  A  N  I  N  G
C  U  S  V  C  A  Z  O  I  A  T  T  A  A  A
E  Z  A  Q  U  E  A  I  C  D  O  A  I  Y  T
R  I  G  B  C  T  R  S  A  P  Y  R  O  E  O
C  O  K  N  I  N  E  N  W  O  L  E  G  N  A
A  N  O  T  N  E  M  A  T  R  O  P  M  O  C
T  E  S  J  A  C  H  V  A  F  V  C  J  I  K
O  P  E  F  O  E  N  A  T  N  A  T  S  I  R
K  O  T  E  F  R  P  E  Q  R  F  Y  L  G  F
```

SVUOTATO
IMPIEGATO
ANGELO
ISTANTANEO
PERDONA
CUCCHIAIO
ISTITUZIONE
CHIESA
TESO
ANSIOSO

PRESENTARE
COMPORTAMENTO
REALIZZARE
ANATRA
CUCINA
RECENTE
ELLITTICA
RICERCATO
URLO
CULLA

Puzzle 13

```
U  S  Q  J  H  M  O  F  K  I  X  U  N  C  S
P  M  E  G  C  U  R  A  Z  N  A  C  A  V  P
A  T  I  L  A  S  E  M  V  S  D  B  E  Z  O
O  T  Q  L  C  I  T  L  E  E  C  P  M  C  R
Z  F  M  K  E  C  T  A  N  G  A  R  E  O  T
N  A  M  L  S  A  O  C  D  N  R  E  R  N  W
E  V  N  Z  H  L  C  Q  I  A  T  S  G  T  R
N  Q  E  Z  D  E  I  Q  T  N  A  I  E  R  I
O  K  M  Y  A  F  L  K  O  T  N  D  R  O  V
I  P  W  M  W  R  E  R  R  I  T  E  E  L  E
L  Y  Q  V  Q  Y  A  R  E  W  V  N  N  L  L
I  E  F  A  C  I  L  E  O  Z  T  T  S  A  A
M  I  N  A  C  C  I  A  Y  C  E  E  Y  R  R
C  O  M  U  N  I  C  A  R  E  E  S  C  E  E
```

EMERGERE
SPORT
SALITA
VACANZA
RIVELARE
MINACCIA
MILIONE
ELICOTTERO
FACILE
INSEGNANTI

PRESIDENTE
CONTROLLARE
FEROCE
COMUNICARE
MUSICALE
ZANZARA
VENDITORE
CALMA
UMILE
CARTA

Puzzle 14

```
D G N R K V R I D R W E S Y Q
J M T I J E I G S O T T A D A
D U K C S S T T P P T Z X N A
N Y N O P T M K O C I T A R P
Q U Y R R I O A O Y U R O W V
Q F G D À T L A E R J C A R I
P U Z A I I H A D N E T W R E
I R M R Y Z Z C A L Z I N O E
N T E E O T A I Z N E I C S J
T O Y Z D J P R G A L L O Z K
E E L O I Y P A R T S E N I F
R Z Z J X O A C V O K I D E M
N J M R D N S C H I A M A T O
O R F O D V Z O T I U T A R G
```

GALLO
TENDA
FINESTRA
DOTTORE
SCIENZIATO
CHIAMATO
PRATICO
ISPIRARE
PONY
PREZIOSO

REALTÀ
ADATTO
CARICA
VESTITI
RICORDARE
CALZINO
INTERNO
RITMO
GRATUITO
ZAPPA

Puzzle 15

```
Q S Q L E X Y G E P K A E S N
G I O R N A T A Z I Q Q H O N
T J I O I S O D R A U G S S Q
A I H J D P P H L N T K W T O
R P P P N A A C O T S M R A F
P I D O A R T A R O A Z T N S
A Z G W R I T P O T H C E Z A
N Z U I G R I I X N J G H A W
T A E M D E N T G E T S I R T
A G F P K A A O G C P O C H E
L A E D N J G L L A N C I O Q
O R U L L A G O Z Z A R H K N
N G O P Q R I D O N N O L A I
I Y D J N W O I Z O G E N A Q
```

PANTALONI
SGUARDO
PATTINAGGIO
POCHE
SPARIRE
RIGIDA
TIPO
CAPITOLO
RAZZO
LANCIO

GIORNATA
CENTO
GRANDINE
DONNOLA
NEGOZIO
LORO
TRISTE
RAGAZZI
PIANTO
SOSTANZA

Puzzle 16

```
N  B  P  F  G  S  P  S  W  J  P  I  B  Y  V
N  F  M  Q  Q  N  I  A  G  B  A  P  L  O  C
M  N  I  I  Z  W  S  L  A  P  E  P  Ì  P  L
D  G  B  G  X  Z  C  U  R  U  S  O  D  O  M
B  D  X  U  E  E  I  T  C  J  E  P  R  S  Q
V  A  P  O  R  E  N  E  O  C  R  O  E  O  I
P  R  L  L  A  S  A  M  B  V  A  T  N  V  G
A  E  S  O  C  I  Z  B  A  U  S  A  E  O  Q
S  I  F  U  I  P  E  S  L  M  N  M  V  I  C
T  D  Q  R  L  C  J  R  E  I  E  O  C  P  L
E  N  F  U  P  W  C  P  N  D  P  P  Z  G  S
L  A  P  N  P  Q  M  U  O  I  W  D  X  A  G
L  B  A  H  A  J  U  J  L  T  T  V  H  A  L
I  O  V  U  N  Q  U  E  P  À  S  J  P  I  M
```

COLPA	VAPORE
PISCINA	APPLICARE
MODO	BANDIERA
IPPOPOTAMO	OVUNQUE
RUOLO	SALUTE
CON	PASTELLI
ARCOBALENO	LUCCIOLA
LAZO	PENSARE
VENERDÌ	PAESE
PIOVOSO	UMIDITÀ

Puzzle 17

```
F  E  R  E  T  E  P  I  R  D  O  Z  O  R  I
I  S  A  I  P  W  Z  P  I  Y  G  Q  I  I  O
N  E  T  D  N  X  G  O  N  P  P  H  N  U  B
A  D  I  R  D  F  I  V  V  V  J  E  E  T  L
N  E  F  M  I  I  Y  E  I  C  B  R  K  I  Q
Z  V  O  E  D  S  O  R  A  C  R  A  B  L  U
I  S  R  M  G  I  C  I  R  N  J  C  S  I  A
A  E  E  B  U  B  V  I  E  F  A  I  P  Z  L
R  O  S  R  S  W  S  E  A  V  G  T  O  Z  C
I  T  T  O  T  H  F  L  N  W  C  N  S  A  U
O  F  A  H  O  A  L  T  O  T  R  E  T  B  N
C  O  L  L  A  S  S  O  G  M  A  M  A  I  O
S  O  G  G  E  T  T  O  C  F  T  I  R  L  F
L  O  N  T  A  N  O  N  Z  L  K  D  E  E  A
```

DIVENTA	SOGGETTO
DIMENTICARE	FORESTA
QUALCUNO	STRISCIA
RIPETERE	ALTO
SVEDESE	BARCA
LONTANO	RINVIARE
MEMBRO	ADDIO
FINANZIARIO	POVERI
SPOSTARE	RIUTILIZZABILE
GUSTO	COLLASSO

Puzzle 18

```
V C R Z C M K Y Z K I A V O U
K G T E P E R A I Z I N I R L
J Z R O Q D K K M W H V Q T T
O B O L G I W O F J N Y A O E
Z C C R T C H O Q K Y U I G R
J P O N D O T T E F F E N R I
E E R M O I W X A R E C T A O
Y M C N J T N K N Q U R E F R
S P A L L A O A I S H I R I M
E R A Z Z I R O T U A M O A E
P R O G E T T O T A T I C F N
B I S O N T E Z A M W N K H T
A L T E Z Z A R M K H E U J E
G M A T E R I A B U S S A R E
```

INIZIARE
OKAY
CRIMINE
AUTORIZZARE
EFFETTO
MEDICO
GLOBO
ORTOGRAFIA
MATTINA
ULTERIORMENTE

INTERO
CROCO
SPALLA
MATERIA
NOTO
BISONTE
PROGETTO
ORDINATA
BUSSARE
ALTEZZA

Puzzle 19

```
V P E R I O D O L Z N M W G V
A E L A N O I S S E F O R P E
G O R U G N A C F I N E G V R
G H M T P R O D U R R E H E D
M S O O I O D I R R O C R Y U
Q C C Q A C I F I C E P S S R
P E G E X G E D A V V E R O A
O P Q R G M I S E R A B I L E
L J K O U L A U T U N N O F Q
V C M T O N I C N O L L A P H
E C L O D R S E A V Z O H P S
R A R M P Y E P R T G O V M W
E L I B I R R E T E T S U H J
F Y A L Q X F K M B V O F S F
```

MOTORE
POLVERE
TERRIBILE
AUTUNNO
DOLCE
DAVVERO
VERDURA
PROFESSIONALE
CANGURO
PERIODO

MISERABILE
VERTICE
SPECIFICA
SCEGLIERE
CORRIDOIO
PRODURRE
FRESIA
ATTO
PALLONCINO
FINE

Puzzle 20

```
S F C A S S E T T O R I R U N
E H L O D T U G V S A M I C M
Z G Z I B J U Z A C G P E C K
I G R P P I T I I E G R M O S
O M I X G P V D R N I E P S A
N P Z U U K E H O A U S I S P
E C R E F M C R T R N A R E E
V J A O O M Q L T I G L E R R
O W R L D S E R A O E O Q V E
D H R W Z O U B F J R S U A E
P R I I F I T D F I E N I N F
E N B G R L N T X L R E N D C
M I S T E R I I O R V M D O R
I N T R A T T E N E R E I W W
```

QUINDI
RAGGIUNGERE
DOVE
CASSETTO
OSSERVANDO
IMPRESA
SAPERE
FATTORIA
BIRRA
MENSOLA

PRODOTTO
GUFO
SCENARIO
SEZIONE
SERA
CALZINI
MISTERI
INTRATTENERE
RIEMPIRE
FLIPPER

Puzzle 21

```
C A S S O R T I M E N T O P F
A O N N A H D I S P E R A T O
P C N E R F Y E R A S E P A Z
I T C C Y F A R T Z W H D G X
C G R U E E V A C U A R E U D
C H V E S P V B D I P E N D E
O E R U N A I U M K J B S P R
L R T X I T R R E X W Z Z J I
A T N P N V A E E H F M W Y R
I N D I C A Z I O N I X C L E
T E A T R O S C R I V E R E F
L M I N D I V I D U O E W I J
O T A C I L P M O C I Z K M Q
M C A R A M E L L A Q X M K Z
```

PESARE
MOLTI
CARAMELLA
INDIVIDUO
HANNO
FERIRE
PICCOLA
TEATRO
ACCUSARE
CONCEPIRE

DISPERATO
COMPLICATO
DIPENDE
SCRIVERE
EVACUARE
ASSORTIMENTO
RUBARE
TRENTA
INDICAZIONI
MENTRE

Puzzle 22

```
L  T  D  Q  X  U  X  N  C  U  V  G  G  D  P
O  C  C  Y  A  M  M  A  R  G  O  R  P  I  R
T  U  L  I  P  A  N  O  I  T  P  V  M  S  O
T  G  O  E  P  J  R  B  D  D  P  E  I  P  V
E  M  I  N  S  P  R  I  U  E  O  R  N  O  O
D  W  I  O  Z  H  C  C  R  T  L  M  U  N  C
E  O  Z  M  R  D  F  F  R  A  A  E  S  I  A
A  N  I  I  D  N  R  X  E  R  G  D  C  B  Z
O  U  T  L  V  G  A  U  V  D  M  W  O  I  I
M  R  T  R  D  U  E  L  S  I  V  H  L  L  O
H  K  A  F  A  Q  D  A  E  V  E  O  O  E  N
C  N  T  R  G  R  I  Y  W  O  T  S  T  G  E
C  R  E  A  R  E  E  A  T  T  E  S  A  O  M
S  U  F  F  I  C  I  E  N  T  E  R  T  A  Y
```

SUFFICIENTE	PROGRAMMA
GALOPPO	DISPONIBILE
CREARE	GIORNALE
RIDURRE	VERME
MINUSCOLO	DUE
PROVOCAZIONE	CIBO
TULIPANO	ENTRARE
IDEA	TARDIVO
VOTO	DETTO
ATTESA	LIMONE

Puzzle 23

```
P E N Z O L A R E C T S K L N
S S X W N A T U B A V C E Q O
T T O D C F B H O P U A N P I
Q V U B U O B E L I T R O C N
W Y V F Z P Y K K R Z P I A T
H H C O A F R O K E A E Z D E
N E S S U N O O T F C Q A O R
I M P A R A R E P E I W R T E
D E C I S I O N E R F V E T S
I N T E R A G I R E I U P A S
C O R R E T T O L P D E O R E
F L S P R A N Z O X O K T E P
A P P E N D E R E E M P W À W
W A R G O M E N T O R T L E F
```

COYOTE
STUFA
ARGOMENTO
INTERESSE
ADOTTARE
INTERAGIRE
CORRETTO
APPENDERE
OPERAZIONE
PROPRIETÀ

IMPARARE
CAPIRE
CORTILE
PRANZO
PENZOLARE
DECISIONE
MODIFICA
FELTRO
NESSUNO
SCARPE

Puzzle 24

```
O C C H I A L I N A M O D X F
V L V K A D V E L O C E L N O
O D L R Y B I Y F A B R I M T
U E L E U J B F L L W R K O O
H T I G B Q Q A F L H K J D G
O E B A K A E W S I C H I E R
Q R E N Z I G U G T C A G S A
U M L A C Z P S H N A I G T F
A I L M J I N L I I G N L O I
N N U I D L C G A C U I Z E A
T A L F Y O Z H N S S M K A Q
I R A F R P K M D D I V A N O
T E M E R O I R E T N A W A I
À B Y K B P R O C E D U R A L
```

SGABELLO
FOTOGRAFIA
VELOCE
DETERMINARE
LIBELLULA
PROCEDURA
GHIANDE
MANAGER
ABBASTANZA
DOMANI

CHI
SCINTILLA
DIFFICILE
MODESTO
POLIZIA
OCCHIALI
QUANTITÀ
UOVO
DIVANO
ANTERIORE

Puzzle 25

```
F  P  Z  A  P  P  E  N  S  I  E  R  O  Z  D
Z  R  R  S  L  A  G  Z  J  C  B  L  R  R  E
V  E  I  O  T  A  D  R  A  U  G  Z  E  Q  D
M  M  S  R  P  C  P  R  R  I  P  O  S  O  I
O  I  P  U  S  P  O  V  E  H  X  T  I  T  C
N  O  E  L  B  E  O  M  U  T  O  S  R  A  A
E  N  T  Q  V  F  T  R  M  M  N  I  C  E  R
T  R  T  M  M  X  A  H  T  E  A  V  E  R  I
A  E  O  D  E  C  I  D  Y  U  R  M  C  U  T
Q  V  C  L  U  B  Z  J  Y  H  N  C  L  A  Q
U  N  X  U  F  S  I  R  I  N  X  I  I  L  O
Y  I  O  D  E  T  N  E  I  L  G  A  T  O  M
E  S  N  R  O  V  I  T  A  T  N  E  T  À  R
Y  T  D  I  C  H  I  A  R  A  Z  I  O  N  E
```

PREMIO	TENTATIVO
INIZIATO	RIPOSO
RISERO	ROSA
TAGLIENTE	DICHIARAZIONE
RISPETTO	LAUREATO
MONETA	CLUB
GUARDATO	INVERNO
VISTO	COMMERCIO
OPPORTUNITÀ	PADRE
DEDICA	PENSIERO

Puzzle 26

```
C P E S S I M O T Q G B P L V
C O R T T A U Q V Y P J E V B
A A P I E D O M I S S O R P O
R L M P O R O L O G I O Ò S C
A D B M I S R E T T E M R E P
G T W A I A P A Z Z O M A P Q
A A D M C N I L I C I F F I D
Z A T S H G A E X E E V F Y L
Z N G A V S S R B R F E V W W
E A A T A S I R E T S Z C S M
À T I N U M O C N O R A I H C
I N F A S T I D I R E J H Q R
K O L F S I M I L I S T F H C
Q F D D I Y P G W H B D K U L
```

FONTANA
PESSIMO
RISATA
CHIARO
COPPIA
PAZZO
PERMETTERSI
COMUNITÀ
PERÒ
CAMMINARE

INFASTIDIRE
PROSSIMO
DIFFICILI
QUATTRO
ALBA
CERTO
FANTASMA
SIMILI
RAGAZZE
OROLOGIO

Puzzle 27

```
D  I  S  T  R  U  Z  I  O  N  E  P  J  R  T
B  A  N  A  N  A  C  I  S  U  M  O  M  W  E
V  Z  H  A  M  B  U  R  G  E  R  E  D  O  L
I  O  A  U  T  O  B  U  S  M  G  V  A  H  E
R  C  S  S  M  O  T  A  T  L  U  S  I  R  F
T  C  E  V  O  N  O  T  A  C  O  V  V  A  O
U  O  R  N  Y  E  T  K  I  Z  I  J  N  M  N
A  L  P  T  R  A  J  H  O  L  K  M  B  D  A
L  O  R  A  R  G  E  N  T  O  F  F  U  C  T
E  B  O  T  E  T  N  E  C  U  D  N  O  C  E
O  E  S  C  O  N  T  E  N  T  O  D  O  O  T
I  N  C  O  N  T  R  O  Y  Y  U  K  H  C  X
R  I  M  A  N  E  R  E  C  W  T  X  I  U  P
A  H  B  A  M  W  O  D  C  A  R  I  N  O  A
```

DISTRUZIONE
MUSICA
ZOCCOLO
CONDUCENTE
ARGENTO
RIMANERE
AVVOCATO
CONFLITTO
CONTENTO
INCONTRO

SORPRESA
VIRTUALE
RISULTATO
HAMBURGER
NOVE
CARINO
TRA
TELEFONATE
AUTOBUS
BANANA

Puzzle 28

```
C  T  O  R  R  E  N  T  E  H  O  O  V  D  K
C  A  F  C  D  Y  G  X  A  H  W  R  O  Z  J
O  U  R  J  O  S  O  L  O  C  I  R  E  P  Q
N  Y  M  R  P  I  T  S  F  W  F  E  E  D  P
T  V  J  Z  I  W  A  A  V  H  E  M  C  R  R
R  U  U  T  Y  E  E  T  N  M  E  D  I  O  O
A  V  W  O  Z  E  R  A  E  D  R  Q  D  S  P
S  Y  R  H  T  Z  I  A  L  R  E  P  U  N  R
T  B  F  U  S  O  V  Z  A  G  N  X  I  E  I
O  N  E  I  P  T  R  D  M  O  E  A  G  S  O
C  A  R  A  T  T  E  R  I  S  T  I  C  A  B
V  E  N  U  T  O  S  L  N  C  O  L  L  O  E
C  R  E  S  C  I  T  A  A  V  W  G  U  X  N
C  P  W  A  T  R  A  G  A  Z  Z  O  U  M  E
```

CARRIERA	GIUDICE
BENE	PIENO
SENSO	CARATTERISTICA
COLLO	CONTRASTO
VENUTO	VUOTO
CRESCITA	SERVIRE
TENERE	STAND
TORRENTE	PROPRIO
PERICOLOSO	RAGAZZO
MEDIO	ANIMALE

Puzzle 29

```
D S S S A E R E M U S S A I R
I C E M T L B R Q W B X U I B
S H M A T I O E C O N O M I A
T E E R E V X D R M L Q X G Z
U R S I N E E N C I F K D G N
R Z T N Z L R O E W C I Q I E
B A R E I L O P H E M O N V S
A N A S O O L S E M Z C R T P
R D L R N R A I T O I A S D A
E O E X E E V R Q C B D T Z A
P A R T E C I P A N T E E M C
R I C C A R U T T I P L L R R
H D L B E E E K L J G E L P V
D O P P I A B B K W Y G E N O
```

BERE
SENZA
RIASSUMERE
SCHERZANDO
RISPONDERE
LIVELLO
MARINE
PITTURA
BOXE
VALORE

STELLE
SEMESTRALE
ECONOMIA
DISTURBARE
PARTECIPANTE
RICCA
FINTA
RICORDA
DOPPIA
ATTENZIONE

Puzzle 30

```
C K O C I M E D A C C A A N W
Z I O G R U P S D A R A T A O
P R E S U N T A M R S G T Z T
J L Q B Z Y D I E R H E I I W
E R A R O N G I L O B N V O C
Z E L F C M K Z E L I T O N S
O S E R P M O C M L E E H A C
C T Y V T B F D E E C U U L I
R O B U J A E J N N D O Q E V
D E N T I S T A T G J V S T J
P F W Q Q R F T O A Q H P E D
L R L Q F A V O R E V O L E W
G E N T I L U O M O A U V J P
U R A C C O M A N D A R E H T
```

GENTILUOMO
RESTO
DENTISTA
QUELLI
COMPRESO
RACCOMANDARE
ELEMENTO
SPURGO
ACCADEMICO
PRESUNTA

NAZIONALE
IGNORARE
AGNELLO
FAVOREVOLE
ATTIVO
COSE
AGENTE
SCI
ZIO
CARRO

Puzzle 31

```
K H N C N E W B D J M P A M R
D H W A P O N A E C O A S E E
A X X V A D N T R W L U W N S
F T G I A R O O A L J R A M P
B A X T R O C O S E S A R E O
G J R À I C O Z S T C A Z L N
N O D I A C R I E N A S G A S
R L E K N A T E C A F N N I A
I O V R K A A C H R J I T C B
C C I L O V E P L O C X U E I
E I D O N E O A A T A T A P L
R T E R E T O U C S R L Q S E
C R G Y B A I T U I F I R M U
A A O X Y I P M O R R E T N I
```

FARINA
PAURA
PATATA
CORTA
CAVITÀ
SPECIALE
RIFIUTI
SCUOTERE
ARTICOLO
INTERROMPI

RESPONSABILE
CESSARE
IDONEO
OCEANO
RICERCA
ACCORDO
COLPEVOLI
ARIA
RISTORANTE
NONOSTANTE

Puzzle 32

```
E A R R I V A R E S T N L B J
S L V U C P R Y P F O Q A P A
H L E Y I X A T O V S N R L O
A Y I F M G G G P F R S N P S
B M H T A G O N N A O X Y O L
I X D U T N D S T R A N O I C
T Y E N G A T S A C X C P N P
A G I Q S F M I R Z H J R N D
T E T N E T R E V I D S I E B
C A V A L L O H N Y N F V C E
E T N E G I L L E T N I A E L
G I G A N T E S C O O D R D L
U D G O V E R N O G O A E W A
I W T I D R P A U Y K S S O M
```

AMICI
SLITTAMENTO
ARRIVARE
ORSO
GOVERNO
GARA
GIGANTESCO
CASTAGNE
SFIDA
HABITAT

STRANO
BELLA
GONNA
SONNO
INTELLIGENTE
CAVALLO
ELEFANTI
DIVERTENTE
DECENNIO
PRIVARE

Puzzle 33

```
C Q C B T V D C C O F M O G B
E I D R I M A J O C C E S X R
V L C H W W T B V N O L O U S
T I O L L E H G I R T L E H M
T P O N O D I C E D N A X U L
S O L E G G I A T O E D T B G
A L T I T U D I N E M I C T L
P R O C E D E R E D I E O P O
O M O N T A G N A E T T N E Q
N O E R A T U I F I R R I B J
G I A L L O Y A V H E O G I I
C O M P I T O J F C V U L F I
B A L C O N E S Z I I J I U D
C O M P R A T O B R D F O B N
```

COMPRATO
RIGHELLO
GIALLO
DIVERTIMENTO
RIFIUTARE
DECIDONO
CICLO
DIETRO
COMPITO
SUOLO

RIMA
SOLEGGIATO
CONTATTO
RICHIEDE
BALCONE
MONTAGNA
CONIGLIO
ALTITUDINE
PROCEDERE
SECCO

Puzzle 34

```
U A F D E S I D E R I O S E M
S L Q Q Y T K X Y C W V T C O
D I S T R I B U I R E U U C G
S I S T E M A I R L N R P E L
O N G F F U N Z I O N E I L I
L R Z S U Y R J X I D E D L E
L B B M E R E P M O R N A E M
E R F X G Y G O Q I A O L R J
O T N E M O M O K P D I E E A
P R U M O R E O N W D Z V X F
A L U M R O F Z M E R I R E P
R N A Z I O N E Y G U S R Y Z
D C G R E M B I U L E O A A P
O T T E G G O Y U U H P W Z F
```

LEOPARDO	POSIZIONE
MOGLIE	FORMULA
DISTRIBUIRE	STUPIDA
VELA	ROMPERE
SISTEMA	PERIRE
DESIDERIO	RUMORE
NAZIONE	ECCELLERE
GREMBIULE	ZOO
OGGETTO	FUNZIONE
FURGONE	MOMENTO

Puzzle 35

```
A  P  S  A  L  I  R  E  P  S  N  P  F  M  A
S  V  E  C  V  W  W  G  I  P  O  R  A  A  B
E  P  V  T  L  Z  H  Q  A  A  B  E  D  T  B
G  A  Y  E  T  I  C  U  N  R  I  S  A  E  R
R  T  T  R  R  I  M  P  E  A  L  T  R  R  A
E  T  E  A  K  S  R  A  T  R  E  O  T  I  C
T  I  S  N  H  Y  A  O  I  E  Y  C  S  A  C
A  N  O  I  Q  I  U  R  S  T  U  B  O  L  I
R  A  R  F  D  F  S  O  I  S  S  P  T  E  A
I  R  O  N  K  I  V  P  S  O  I  N  U  U  T
O  E  P  O  M  I  G  L  I  O  R  E  A  C  O
A  L  E  C  S  I  M  C  S  U  T  O  R  E  R
I  S  P  F  O  N  D  A  M  E  N  T  A  L  E
O  J  M  I  G  L  I  O  J  J  Q  M  S  R  R
```

SPARARE	AVVERSARIO
MISCELA	ABBRACCIATO
PRESTO	TESORO
SALIRE	NOBILE
MIGLIORE	SEGRETARIO
FONDAMENTALE	AUTOSTRADA
PATTINARE	CLIMA
MATERIALE	PETTIROSSI
TUBO	PIANETI
CONFINARE	MIGLIO

Puzzle 36

```
S  C  O  S  T  A  N  T  E  P  Y  V  B  O  H
L  P  Z  T  E  N  O  I  V  U  L  L  A  R  V
I  V  E  M  A  S  E  S  N  M  W  G  M  S  M
C  A  P  T  E  V  I  D  E  N  T  E  B  A  T
E  R  D  À  T  T  I  C  A  P  E  E  O  C  E
N  E  R  O  T  A  L  O  C  L  A  C  L  C  R
Z  S  E  I  Y  T  C  H  O  H  V  S  A  H  M
I  P  R  V  B  P  B  O  F  B  A  I  T  I  I
A  I  A  G  I  U  W  N  L  I  T  R  E  O  N
M  R  M  A  G  D  R  R  E  O  S  A  N  T  I
E  A  A  R  C  F  E  B  U  O  N  I  T  T  U
N  R  I  F  M  J  N  N  N  V  F  H  A  O  D
T  E  H  R  Q  A  J  E  Z  R  E  C  R  N  Z
O  Y  C  F  U  T  U  R  O  A  D  T  E  T  L
```

ESAME
BAMBOLA
CALCOLATORE
ALLUVIONE
COSTANTE
LICENZIAMENTO
TENTARE
FUTURO
TERMINI
BUON

CHIAMARE
ELFO
CHIARISCE
CITTÀ
ORSACCHIOTTO
EVIDENTE
EVIDENZA
STAVA
SPETTACOLO
RESPIRARE

Puzzle 37

```
U  L  O  F  C  I  T  A  Z  I  O  N  E  N  P
R  L  S  Y  I  T  O  P  O  R  A  G  N  O  O
J  I  O  I  C  O  I  N  D  A  G  I  N  E  S
V  O  C  W  K  V  R  M  I  G  R  A  R  E  S
Q  M  O  O  H  I  I  I  F  Z  D  H  C  T  I
F  U  I  E  N  O  R  I  A  H  H  C  Y  S  B
C  Z  G  J  M  O  O  N  B  N  E  B  V  I  I
J  W  I  Q  V  U  S  B  K  H  D  K  Z  S  L
S  E  N  T  I  R  E  C  N  M  E  A  A  E  E
C  I  C  L  I  S  M  O  E  M  I  V  R  D  M
J  H  Q  O  S  S  E  C  O  R  P  R  B  E  F
C  U  O  R  E  E  S  O  M  X  E  G  D  K  F
T  E  I  E  R  A  Z  N  E  G  R  E  M  E  N
S  O  C  I  A  L  E  P  R  O  B  L  E  M  A
```

CITAZIONE	TOPORAGNO
SOCIALE	EMERGENZA
PROBLEMA	ANDARE
CICLISMO	FIORI
PROCESSO	INDAGINE
TEIERA	ESISTE
RICONOSCERE	POSSIBILE
PIEDE	MIGRARE
GIOCOSO	CUORE
AIRONE	SENTIRE

Puzzle 38

```
A D C D P R O A A H L D W U F
O V I S A T Z K K N O F Y F X
D E L Z R F D C T U G C G O G
I D I J T P R O N T O O K Q T
O E E R N V A T T J T C L E P
N R G C E E R S V U S O S O Y
A E I Z R V O N O U S B V F Y
T R A H E T N A L L A B A R T
T F E R F S G B O C C A L E W
A P P U Z F I L O X K I K A T
L C M C C J S C R Z K F H Q V
L B B H G H S Y E R E T T E M
A C R O P S B Q V I O C K P A
Q A M W S G R D B Q D M T Y M
```

ANGOLO
PARTNER
SPORCA
ALLATTANO
ZUPPA
VERO
BOCCALE
HOCKEY
SUONO
DIECI

PRONTO
METTERE
CILIEGIA
USO
VEDERE
TRABALLANTE
SIGNORA
STOCK
FILO
ODIO

Puzzle 39

```
B H P C E T T I N Q N C M R U
O T T O A M R O F P G U A I L
S M N N M N O R B B A L C T T
O P I J M K Z U W K O T C I I
N A S S O R Q O Q Y V U H R M
I S S A S P U Ò N T I R I A A
G T U S J I E S B E T A N R M
U I C J Q R O X E X N K A E E
N N C E Y D V N A T I S I V N
A A O S P V O R E B T H Y B T
L C P E W G U U R F S E U K E
R A R D Z B N Z I P I D Y P Q
I N V E N T A R E Q D Z G W T
E S S E N Z I A L E S C V Z P
```

MISSIONE	FORMA
ULTIMAMENTE	VISITA
CULTURA	RITIRARE
CANZONE	SOMMA
OTTO	PUÒ
SUCCO	MACCHINA
SETTE	PASTINACA
LANUGINOSO	ESSENZIALE
INVENTARE	LABBRO
DISTINTIVO	NUOVO

Puzzle 40

```
G D Y Z W C N Z S O V S C I C
H I G E G Y A O Z Q R S A D O
L S F R A W U S R R O E M G C
O T T A F L E I O D G L P Y C
N A D C I E Z I T H E E A U I
I N C I T L O Q K X N M G C N
M Z A D Q A G C B V T E N P E
A A S N B I E A Q C I N A I L
C G U I G G B F U E L T P A L
L L O D Q G J J E Q E A I N A
P O P O L A Z I O N E R Ù O C
O N A G E I P M I G Q E F J W
U O V A P P J E S P E R T O W
P Q Y R R S S O S T E N E R E
```

POPOLAZIONE
ELEMENTARE
CAMPAGNA
IMPIEGANO
FATTO
ESPERTO
GENTILE
PIANO
CASO
CAMINO

INDICARE
DISTANZA
QUAGLIA
NORD
SPIAGGIA
PIÙ
SUO
COCCINELLA
SOSTENERE
UOVA

Puzzle 41

```
E  N  Q  A  L  O  G  E  R  C  G  A  C  C  B
S  E  A  G  W  P  U  W  W  Y  S  S  A  E  D
E  T  B  V  T  P  H  Y  B  E  S  S  P  T  I
M  T  C  S  T  U  Q  E  O  U  D  E  E  R  S
P  A  W  C  J  L  N  R  R  D  B  M  L  I  S
I  R  O  R  D  I  N  A  R  I  O  B  L  O  I
O  E  C  E  B  V  Y  I  A  A  R  L  I  L  M
F  E  I  O  X  S  D  B  R  L  U  A  X  O  I
R  N  T  G  I  U  R  I  A  F  U  G  P  P  L
E  G  N  G  I  R  A  F  F  A  P  G  N  P  E
S  R  E  R  A  N  I  M  A  S  E  I  X  I  A
C  A  D  C  A  P  A  C  E  P  N  O  F  C  Z
O  D  I  E  S  P  R  I  M  E  R  E  R  M  I
H  O  N  I  C  L  U  P  I  M  P  A  T  T  O
```

GIURIA	CAPACE
ESPRIMERE	NETTARE
CETRIOLO	GRADO
ESAMINARE	GIRAFFA
APPARIRE	SVILUPPO
ASSEMBLAGGIO	FRESCO
DISSIMILE	IMPATTO
PULCINO	ORDINARIO
IDENTICO	CAPELLI
ESEMPIO	REGOLA

Puzzle 42

```
N B A V E N I R E L G R U I S
L A A G H Z Ì C I A E E F N P
M J T I U X D E B S N Q F S E
G M E U A P E J C C I J I T D
O L I F R O N I V I T Z C A I
A V O E L A U N N A O V I B Z
V O L S K Z L O J R R P O I I
A S L Z S A F E K E E E I L O
L D A G G A Z Q Y P G G C E N
U H B S F B R S N O P G L R E
T M O S T R A I D D A I A H Z
A L E P R E H N O T S O C P C
R N E C E S S A R I O R J G N
E M B Q G U M D W K Y K Q T T
```

BAIA	PEGGIOR
LUNEDÌ	NATURALE
UFFICIO	NECESSARIO
VINO	INSTABILE
SPEDIZIONE	MOSTRA
COSTO	BALLO
LASCIARE	GLOSSARIO
VENIRE	VALUTARE
LEPRE	CALCIO
ANNUALE	GENITORE

Puzzle 43

```
V W R A G O Q W G J O H K N R
A O E I U E E R A T R O P M I
S T G D S H M A T E I H T I N
T N N S C O I S N R P I Q A O
O E O I I F L E A B M L O U C
B M T S O A I N R A A A T D E
P A I R T L T S A V V R A F R
E I S I X L A A U S I T R H O
V G S R E I R Z Q C N E T S N
U G Z E T R I I P F G M N A T
Y E L F L E M O N G O I O E E
E T U I J L I N Z I S R C M F
K T N R P B I E F I I E N D R
H A D M O R B I D O B P I G L
```

MILITARI

PERIMETRALI

GUSCIO

VIENE

ATTEGGIAMENTO

PISELLI

RINOCERONTE

SENSAZIONE

QUARANTA

MORBIDO

VASTO

NOME

RIFERIRSI

IMPORTARE

SITO

BISOGNI

VAMPIRO

INCONTRATO

FALLIRE

REGNO

Puzzle 44

```
A A B F E H Y E W L S C A A G
E M U E N O I Z N I F O P U H
O A C M W M B J U G F S P T I
V R A M F V A V R U C A U O A
E E N I E J E G Y B X O N M C
S V E N O I Z A N J W U T O C
T K V A Z C O A Z I N S I B I
A R E D I S N O C W F X T I O
G U A R D A R O B A M I A L L
F I N I T U R A J M A Y C E I
C A M I C E T T A L I X V O J
E S E C U Z I O N E A S A Z X
D R L O N T R A T P L V X Y H
T O S P I T E C V Z E R H F T
```

GUARDAROBA   GHIACCIOLI
CURVA   ESECUZIONE
FINZIONE   APPUNTITA
AZIONE   COSA
CONSIDERA   FINITURA
CAMICETTA   BUCANEVE
AUTOMOBILE   MAIALE
OSPITE   LONTRA
MAGNIFICO   AMARE
OVEST   FEMMINA

Puzzle 45

```
R F E U C W R G O T A N G A B
A I T A L O I H C S A M P I L
R N C Z P T P Y L B O R U R F
A A V N B S A E R I N I F E D
M L G A S O O Z R C L V O D T
E M P R Z P I W I T C J Z N A
N E E O U O Z A H E U E N A P
T N R I B P A S A G N R A V P
E T S G B H P R S K E D A A E
I E O G M H S O W J G A A L T
I I N A S T R A N I E R O H O
A U A M O F F E R T A G J F X
V E L L I N G U A G G I O F M
O P E L O S A R I G R K I N L
```

AZIENDA
TAPPETO
GRUPPO
LAVANDERIA
LINGUAGGIO
MASCHIO
SPAZIO
DEFINIRE
BAGNATO
PANE

POSTO
COPERTURA
PERSONALE
LATI
OFFERTA
FINALMENTE
STRANIERO
RARAMENTE
GIRASOLE
MAGGIORANZA

Puzzle 46

```
E S T R A N A U W S S K P X C
P R K T R V J R R I P X T V O
O D B S S H Z P K N O N Q D N
L E P A R E T N I G M A I S S
I S A U M E N T O O A C C S E
T I O L M E C G H L Z I A A N
I D W R X Q G E M A Q N M G T
C E D I S T R A R R E E P G I
O R O V A L B X T J D M A E R
M O A M H R G S S S E O N Z E
U S L D A L I U Q A E D U Z X
F I Z T U R S C K X M T L A O
C O M B I N A R E J Q U A Z A
T R A S M I S S I O N E V Q S
```

MAIS
DOMENICA
LAVORO
FUMO
DESIDEROSI
COMBINARE
TESTA
RAMO
TRASMISSIONE
CAMPANULA

SINGOLA
CONSENTIRE
STRANA
POLITICO
INTERA
SAGGEZZA
AQUILA
ERBA
DISTRARRE
AUMENTO

Puzzle 47

```
O M B R E L L O Z F A P I D A
P R O N U N C I A S I E À O Z
W C O L O N N A T O W S T I N
I N D I P E N D E N Z A I I E
M A S B A R L U C D X A R C L
M P C A J A T R O N C O E G O
P O P Q N I M N Y E F L V Z I
R Y U R B F N A X P E U I V V
O B Y S E F G J T E B O A F O
V C H Y E O V C O I H G N I R
I P G C I S X Z F S T O G A Y
N D I R E Z I O N E C A J N B
O A M N Q D O C C I A U I W B
A M M E T T E R E M A L A T O
```

MALATO	OMBRELLO
PROVINO	PAN
MOUSE	LUOGO
VIOLENZA	MATITA
PRONUNCIA	SIEPE
INDIPENDENZA	COLONNA
VERITÀ	DOCCIA
FISICO	SOFFIARE
AMMETTERE	RINGHIO
TRONCO	DIREZIONE

Puzzle 48

```
B E N C Y T Y C R P C V D T C
I N V E R S O A I Y B E B A O
P G F F T E H C L S C R C C N
S R E T N E M A K B Z S X C T
F M O N C C O W À P A P U R R
N I R F E Z W N E G X R O I O
Y D G P O R E R Q N P E T N L
G K B S Q N A L Y M O L I O L
D A Z B L D D L Z A T I T F A
T R O V A R E O E C E N S N T
P O S I T I V O S N C E E I O
F U R E T T O G X U I I V F V
R I F O R M A V D Z R F L V X
P A S T O I S C I O C C O G P
```

PASTO   CONTROLLATO
VISIONE   FIENILE
TROVARE   TACCUINO
FURETTO   PROFONDO
PAPÀ   CACAO
GENERALE   INVERSO
EST   CRICETO
SCIOCCO   POSITIVO
RIFORMA   VESTITO
MENTE   VERSARE

Puzzle 49

```
V E N O J A F H Y O O M B R A
K O N R R L U E K A T L I B T
D P G F P L O I L I N I L G W
C O I L G I S N O C E T O E Y
C U V O I L W Q T J L L C V B
G P X R L O A N I G A P C T F
A T Q F E C N J S K T T I A E
M C Z T Q B P O E F C A P W D
B B C M R O B O X G H T E R E
E R A V A L Q E M E I S N I R
T X A I S E C O N D O D N U A
N A G R I C O L T O R E Y O L
O R E L I G I O S O V D G X E
P U N D I C I L J T W D B X H
```

ESITO	BELLO
GAMBE	CONSIGLIO
OMBRA	AGRICOLTORE
SECONDO	DOVREBBE
INSIEME	TALENTO
LILLA	PAGINA
PICCOLI	LAVARE
VOGLIONO	RELIGIOSO
PONTE	PENNY
FEDERALE	UNDICI

Puzzle 50

```
M F O R P L I A F O C A C C E
A N A I D I R E M A I B B A G
S A J Y I O T N E M M O C E M
S F D I V I S I O N E O E T A
I F T U H H I Q G D S I R N N
M A T C I L Q Z I J G D A E C
O R F N I E M R O N E A D M A
M I D T K R G E U Z E M R L N
I Ù B I R A C H K Z O R A A Z
N Y P O I C C O R P P A U U A
I H F N L I B P L C S B G T L
M D X G R D T X R A O G C T C
V W V P J E L U I O R D N A J
L Y T S U D S E L M X E I R D
```

COMMENTO
ENORME
AMORE
GUARDARE
DIVISIONE
APPROCCIO
ARMADIO
CIRCOLARE
MANCANZA
DEDICARE

MASSIMO
LUI
ROSPO
GABBIA
ATTUALMENTE
CARIBÙ
MINIMO
FOCACCE
AFFARI
MERIDIANA

Puzzle 51

```
B J V P F O T A I B B A R R A
J U M P H T G T J S D G T A A
Q E G O L L E T L O C W O L Z
F B G I Z O R E K E F O Q C M
X J P X E V O N P O H R P E B
B A M B I N O T Z N B W C O A
P O I X W Q B O R E H C C U Z
F R W E E R O L C L O F J O N
M I N O R A N Z A C J D D V E
A F F I D A B I L E A W Y I D
O R G A N I Z Z A R E T V R N
F H Z V S U P P O R T A T R E
R A P I D A M E N T E J Z A P
D I F F E R E N Z A N J F K C
```

ATTENTO
BAMBINO
ATTACCO
ORGANIZZARE
SCOPO
ARRABBIATO
ARRIVO
MINORANZA
COLTELLO
ZUCCHERO

AFFIDABILE
RAPIDAMENTE
POI
ALCE
BUGIE
FOLCLORE
PENDENZA
DIFFERENZA
SUPPORTA
VOLTO

Puzzle 52

```
I M E S S A G G I O S A C Q M
S M E V I T A R E N O N Y U W
E E P J H S B T F T P E S A Q
T S E R I L L O B R R M X L T
T A A N O R T L O P A O L I O
I T V P S V A B O D V N A F P
M T R O O F V L F G V E S I P
A A A L I H Z I R C I E S C O
N M G L C B A F S G V P E A S
A E A I U D V D B O E T G R T
V N Z C D N Q K A E R L N E O
E T Z I I N L I H X E O A P H
X E A Y F S T A N Z A V R E G
G R I G I O M Q C A S J E Q R
```

BOLLIRE
OPPOSTO
VOLT
GRIGIO
ESATTAMENTE
SETTIMANA
FIDUCIOSO
ASSEGNARE
STANZA
MESSAGGIO

QUALIFICARE
POLLICI
NON
IMPROVVISO
EVITARE
ANEMONE
SOPRAVVIVERE
REALE
RAGAZZA
POLTRONA

Puzzle 53

```
M W E V O R D V E L O C I T À
A A S K N D O L L E N A N A E
R C L K F V N E I Z F A O W L
C X W T H M N O R G E L L A E
I A X I R R A F S B Y I O N T
O T H V O I L O R T E P C D T
S M E T T E R E V T A Y D J O
M O T I V A Z I O N E T H B R
S A E R M E L L I N O U O F A
D E N O M I N A T O R E S L L
J E H E R E T T A R A C S U E
G R S E L M A N T E L L O I R
B Z X O T A S R E V J O R D U
J T I B B T F X M O J F D O L
```

DENOMINATORE	PETROLIO
ELETTORALE	ROSSO
ANELLO	STATO
COLONI	ALTRI
SMETTERE	MARCIO
VELOCITÀ	MANTELLO
DONNA	ERMELLINO
FLUIDO	VERSATO
FALENA	ALLEGRO
CARATTERE	MOTIVAZIONE

Puzzle 54

```
J  E  C  U  S  S  Z  O  D  Q  Y  C  I  F  M
K  H  C  K  A  V  O  P  O  C  S  A  E  I  U
P  Q  X  M  E  U  U  L  M  J  N  T  N  J  L
I  M  P  E  G  N  O  O  I  P  S  T  O  M  I
J  T  P  C  R  L  B  C  T  T  U  I  O  N
H  U  S  P  E  E  S  G  L  A  A  R  Z  S  O
E  N  O  I  Z  A  T  S  U  N  R  A  A  O  F
V  E  N  D  O  N  O  T  F  W  W  E  R  I  B
Q  O  T  A  C  I  T  N  E  M  I  D  A  Z  R
S  O  R  R  I  S  O  T  A  L  L  O  P  I  C
A  G  G  R  E  S  S  I  V  O  F  W  I  L  L
T  R  A  S  P  O  R  T  A  T  O  I  R  E  X
A  F  F  E  T  T  O  A  H  L  L  U  R  D  B
O  S  P  E  D  A  L  I  E  R  A  N  E  R  A
```

CATTURA	RIPARAZIONE
SVUOTARE	MULINO
CIPOLLA	AFFETTO
DIMENTICATO	DELIZIOSO
VENDONO	OSPEDALIERA
TRASPORTATO	AGGRESSIVO
RIFLETTERE	SORRISO
COLPO	ULTIMO
IMPEGNO	SOLITA
ARENA	STAZIONE

Puzzle 55

```
U P A L L O N C I N I M Z A X
C C S Q O T N E V E O Q J C F
T Q C Z P P O T R E B B E R A
K O V E U F O N D O R E F E Y
B G H A L O K X R K M T I S B
K O R L J L U E U Y Q G N C N
M J I L A P I C N I R P O I T
Q A I K R G R B E R E C O U C
E T A T N A C E R Y O A K T P
S A S W N H S X S E F T X O O
O T A M A F F A L T V T S G T
S O N N O L E N T O A E K J E
Y U S O R P R E S O E R B N R
K N Z M A S C H E R A F E L E
```

SONNOLENTO   SORPRESO
EVENTO   UCCELLI
NUOTATA   FRETTA
BREVE   MASCHERA
CANTATE   LUPO
CRESCIUTO   CUOCERE
POTREBBE   PALLONCINI
FONDO   FINO
PRINCIPALI   AFFAMATO
PRESTARE   POTERE

Puzzle 56

```
P  I  L  L  O  L  A  G  U  F  T  G  L  B  Q
I  S  A  R  E  B  B  E  E  Z  T  E  I  Q  A
S  T  R  E  T  T  O  E  N  I  F  N  O  C  L
R  S  W  D  V  N  A  S  R  O  S  I  R  A  L
O  N  A  M  Y  O  X  P  A  V  I  T  O  M  E
C  O  T  T  U  R  T  S  O  C  G  O  S  O  C
C  T  A  I  U  C  E  T  M  W  W  R  O  B  I
I  A  A  F  Q  Z  C  U  A  U  A  I  T  D  T
A  M  C  L  Q  N  J  E  Z  Q  L  D  S  P  R
Q  R  E  R  A  R  O  I  L  G  I  M  O  V  A
O  O  L  L  E  D  O  M  A  L  L  S  C  S  P
Q  F  E  L  T  W  D  K  C  N  O  X  M  P  R
R  N  V  T  F  C  O  N  T  R  O  L  L  O  X
L  U  D  P  B  Q  D  E  C  A  D  E  R  E  R
```

MANO	MIGLIORARE
FUGA	EMOTIVA
COSTRUTTO	FORMATO
STRETTO	CALZA
CONTROLLO	CONFINE
UCCELLO	PARTICELLA
PILLOLA	SAREBBE
MODELLO	ROCCIA
RISORSA	COSTOSO
DECADERE	GENITORI

Puzzle 57

```
C W N O V R N Y Y W W F B Q R
D E V V H C U O V K R U V L E
M C A T E G O R I A T N I Z C
T A I R O M E M M R P G G N I
I N L M V I Y M Q B Z O N D N
M E I A S E G N A L E Q R A Z
I T E K T Q P O S T I N O O I
D A G C L T S J C H M W T I O
O C E K O Y I F I O R E E H N
S Y L L G E G E R I P L O C E
I V L D N T A G L I A T O C R
R J O N I D A T T I C M X E U
C U C C I O L O T T E L M V T
O H G S P A Z Z O L I N O I F
```

OGNI	SEGNALE
TIMIDO	COLPIRE
FUNGO	LETTO
POSTINO	CUCCIOLO
MALATTIE	SPAZZOLINO
COLLEGE	CATEGORIA
CATENA	FIORE
VECCHIO	TAGLIATO
RISO	MEMORIA
RECINZIONE	CITTADINO

Puzzle 58

```
Q  V  T  P  Y  S  C  R  I  V  A  N  I  A  Q
U  M  I  T  I  T  N  A  T  R  O  P  M  I  K
M  T  F  G  B  S  A  C  C  E  T  T  A  N  O
N  T  G  W  O  A  T  I  R  E  H  G  R  A  M
N  P  U  L  Y  R  B  O  L  A  F  U  B  E  M
D  A  R  E  Q  M  E  S  L  O  C  I  T  R  A
Q  T  F  A  W  Q  P  E  Y  A  Q  W  L  R  T
G  H  Y  G  Y  F  S  P  I  M  V  Q  Q  O  R
Y  O  T  A  N  G  E  S  N  I  A  Z  H  R  I
V  O  N  U  C  S  A  I  C  R  A  H  U  E  M
C  I  N  E  M  A  P  Q  O  C  D  L  Z  A  O
H  S  O  V  D  G  K  A  D  A  I  G  U  R  N
O  C  C  H  I  O  Q  H  D  L  Z  O  O  J  I
M  E  N  T  A  L  E  V  G  A  F  S  V  W  O
```

SCRIVANIA	PISTOLA
SPESO	LACRIMA
ACCETTANO	ARTICO
BUFALO	CIASCUNO
VIGORE	IMPORTANTI
INSEGNATO	MENTALE
RUGIADA	MARGHERITA
OCCHIO	ERRORE
CINEMA	DARE
MATRIMONIO	SPADA

Puzzle 59

```
S O Z Y P D U A Q A P E J M K
I G G O V U Z F G I A L Z X G
G T K Y U W N D C U L A A B M
N A X Q L Z Y I Z T L R V B O
O R U Z U W W D R O A T A K L
R T N O S I V V A E G N N C L
I A U E T N A S S E R E T N I
N R O À T R E V O P V C I N G
A U T O T N E M I U G E S N I
F G O P D M J P W T M I V T S
Y A U M A N O T A I L G E V S
I N C I D E N T E L X W R W K
F K O S P I N G E R E K T F F
M C B M E C C A N I C O D A R
```

AVANTI	INTERESSANTE
OGGI	APERTO
PALLA	TARTARUGA
CENTRALE	POVERTÀ
SVEGLIATO	INSEGUIMENTO
SIGILLO	UMANO
MECCANICO	PUNIRE
AIUTO	SPINGERE
AVVISO	INCIDENTE
SIGNORINA	NUOTO

Puzzle 60

```
P B Z Q P S X D S P F I D R C
Q I I J U J A E M I O M U W A
H Z A C L E Q N K G R M A S M
K B T N I R M T Z R N A N O I
A W A I U I X I R O I G N F C
O X R L N P F P N R I O F I
I R U Q W E E R C A E N I R A
G I D N I G O I W I K E A I V
G O D S K G L C W Z R M T R N
A Z Z E R U C I S N N C O E A
S D U V H S P O P A D T A X S
A C C O M P A G N A R E V U O
T Y L J W K W D N E M I C I G
K Q X P A P P A G A L L O H W
```

PAPPAGALLO
SICUREZZA
DURATA
CAMICIA
SUGGERIRE
BICI
ANNOIATO
KIWI
ANZIANO
FORNIRE

SAGGIO
DENTIFRICIO
NASO
CIRCA
PIGRO
PIANURE
NEMICI
SOFFRIRE
IMMAGINE
ACCOMPAGNARE

Puzzle 61

```
E  R  A  R  T  S  U  L  L  I  Z  Z  R  D  H
P  S  G  I  O  C  A  T  O  R  E  I  U  O  S
D  E  A  O  S  O  I  L  G  O  G  R  O  L  S
I  C  R  T  X  L  C  T  G  T  C  X  H  E  T
F  O  Z  D  T  E  S  N  O  P  Y  A  M  N  O
F  M  R  D  O  A  A  O  R  E  M  U  N  T  F
U  M  E  Ì  L  N  L  S  A  V  E  V  A  E  F
S  E  S  D  S  N  O  T  Z  L  J  E  A  C  A
I  R  G  E  A  U  U  R  W  K  X  N  U  F  A
O  C  H  T  D  G  D  O  T  U  L  O  S  S  A
N  I  H  R  B  U  B  E  N  E  F  I  C  I  O
E  A  W  A  H  G  T  N  M  J  K  Z  Z  H  W
N  L  V  M  Q  G  S  O  L  B  S  E  D  N  C
C  E  R  E  S  S  E  N  C  E  S  L  D  V  M
```

AVEVA
ASSOLUTO
LEZIONE
SEDUTO
PERDONO
NUMERO
COMMERCIALE
GIOCATORE
MARTEDÌ
STOFFA

ESSERE
ESATTA
NOSTRO
BENEFICIO
DIFFUSIONE
LASCIA
SET
ORGOGLIOSO
ILLUSTRARE
DOLENTE

Puzzle 62

```
V U Z A N Y Y A E O V F G B O
G B J U G O Q C B E T T H L L
U M M D N B X I Y S Q L G O T
A U R A E T N E M A T R E C R
N C Z C L W V L E H S W I C E
T C I E A S C I O L T O U O S
I U R T M P R E F E R I T O C
M C E L I D I C E B K V D O U
K I B X C R P E R D E R E S C
D R L F E Q C W J S I V L S I
M E A B D Q B M F O Y L A O N
P E R M E S S O K L K J T N A
S T R U M E N T O D E X U L R
X Y R Z B A M N V I H T D O E
```

DICE	CUCINARE
OLTRE	PREFERITO
PERDERE	BLOCCO
AUDACE	CRITICA
GUANTI	DECIMALE
STRUMENTO	NAVE
OSSO	SOLDI
PERMESSO	CUCIRE
SCELTO	ALBERI
SCIOLTO	CERTAMENTE

Puzzle 63

```
E R I R P O C S I N N E T N T
G V J Q S A K S O B H N E D C
T O V I T U C E S E J P A B P
T T I T X J H I A Z N D M V E
R N O T E G F O F I R Y G W A
I I T U L M M J B I F R A S E
A P N T O D A E T B C V V U L
N S E L V A G G I O Y O L R A
G S M A E R A L L I R B N R U
O F I E H L Y L O R T N O C S
L O V R C S O R E L L A I M A
O R A E I I R F H G T W A I C
V Z P O M P R O D U Z I O N E
M O E M A I N T E R C E T T A
```

SELVAGGIO   AMICHEVOLE
PAVIMENTO   HOBBY
SORELLA   AEREO
SFORZO   TRIANGOLO
CASUALE   TUTTI
SCONTRO   ESECUTIVO
SPINTO   INTERCETTA
PRODUZIONE   FRASE
SCOPRIRE   TENNIS
PACIFICO   BRILLARE

Puzzle 64

```
Y C E F P E S O C I F A R G F
S B L I E L E T T R I C A Y O
M G G G I I S B Q T E F U W R
L E R U P R E V I S T O Q P N
H L L R F B R K A K T T C F I
U N C A D N E M E R T A A X T
J F M F G A F L O G W L L V U
P R A T O E E A S T A M P A R
S P I L L A L M W U U J B P E
J V O I V R I P H U J D V R T
N Z D U O O T O L V S M A A D
N F O Z T C U N K Z T A Q C L
L I R L Z N N E K E W A T S Z
A Y E W Y A I G S B P S M O L
```

INUTILE	ANCORA
FORNITURE	USATO
GRAFICO	PREVISTO
FIGURA	STAMPA
SPILLA	TREMENDA
CADUTO	LATO
LEGALE	PRATO
LAMPONE	ACQUA
ODORE	ELETTRICA
PESO	SCARPA

Puzzle 65

```
D F G E V A C Q U I S T A R E
H G X E K I A S C O L T A S V
Q H O S I Y S M D H C I F V T
C T O P Y C V I J I U C R E R
D I S M E N U C B D I T O E E
E S E G U I R E U I E O E R N
I S Q Y V X H Q V M L O S I O
L T P A R O L A A A D I I P I
G U G P W A V C Z R I L T M N
I D R A L E I O U T C J A O I
T E A R A K B N O E I P R C P
T N N K B E P T T L A R E D O
O T O O O D R R E L M A R T M
B I Z H Y C R O F O O F R J R
```

DITO	TRAM
CONTRO	ESEGUIRE
ESITARE	BOTTIGLIE
ASCOLTA	STUDENTI
DICIAMO	ORO
MARTELLO	TOP
RAPA	GRANO
VISIBILI	UVA
OPINIONE	PAROLA
COMPIRE	ACQUISTARE

Puzzle 66

```
M B D M I N U T I R E I Q C X
Q E F E L O B T A K A M W O B
N C P S L G B R I N L X I N G
N A W A K I R P A T L H N C C
A R S F K R C I Y C O F R L E
N Z W N O F G A Y J C L B U I
G R A P P O L I T A O I O S F
L N C K W L P U X A Z B O I O
U N I I R O O S H O C K M O N
D L T J S I R C L O U B E N T
N D E H K G T K O N A U R E E
R H L B N A A C C U M I P P Z
M N T O E F T I N O A G U E Q
J Z A Q F K O D W G H O S P F
```

MINUTI
COLLA
FAGIOLO
IERI
DELICATA
GRAPPOLI
PORTATO
PEPE
FONTE
SHOCK

BRACCIO
CLOU
CONCLUSIONE
MUCCA
FRIGO
ATLETICA
APRI
SUPREMO
FASE
TITOLO

Puzzle 67

```
I  D  F  D  F  K  M  W  L  W  A  T  I  P  W
N  I  B  A  V  O  E  V  A  L  L  E  N  R  U
P  F  A  T  M  V  R  C  X  P  R  L  T  E  J
U  E  S  T  S  I  O  B  T  N  H  E  E  S  B
T  N  E  E  L  T  L  S  I  M  N  S  R  E  Y
S  D  B  L  S  A  O  I  G  C  G  C  N  N  R
Y  E  A  L  J  R  V  Z  A  E  I  O  A  T  H
V  R  L  A  S  E  I  B  V  R  S  P  Z  E  K
E  E  L  V  V  P  C  T  K  A  E  I  I  W  S
I  Z  C  A  F  O  S  A  U  S  D  O  O  G  T
C  R  I  C  S  A  A  N  B  O  T  R  N  S  E
O  L  I  B  E  R  T  À  A  P  Y  S  A  E  L
L  E  N  O  I  S  S  U  C  S  I  D  L  T  L
O  F  E  T  N  E  M  E  T  N  E  C  E  R  A
```

VEICOLO	DIFENDERE
SCIVOLO	NELLA
PRESENTE	BASEBALL
TELESCOPIO	OPERATIVO
STELLA	CAVALLETTA
INPUT	FAMILIARE
DESIGN	DISCUSSIONE
LIBERTÀ	SPOSARE
BEN	INTERNAZIONALE
RECENTEMENTE	FORBICI

Puzzle 68

```
F  L  X  U  F  O  M  D  V  Y  U  O  G  A  F
Y  Z  P  Z  W  P  E  O  R  R  O  P  E  R  L
S  C  A  R  S  O  V  J  N  M  B  B  L  T  E
H  E  R  A  U  D  I  V  I  D  N  I  A  I  S
M  O  D  I  F  I  C  A  R  E  O  X  T  C  S
S  P  E  N  S  I  E  R  A  T  O  B  I  O  I
P  R  E  C  I  S  I  O  N  E  K  E  N  L  B
R  I  A  V  V  O  L  G  E  R  E  U  A  I  I
Q  M  Z  C  P  Y  N  A  G  I  T  A  R  E  L
R  Y  V  N  Z  I  A  O  I  C  I  F  I  D  E
X  M  B  V  U  U  A  L  V  F  R  E  D  D  O
T  E  R  R  O  R  E  N  K  E  W  I  W  Q  X
Z  S  Y  O  C  I  M  O  T  A  D  P  X  O  W
C  E  L  L  U  L  A  K  B  A  J  E  L  U  M
```

CELLULA	PORRO
EDIFICIO	FREDDO
INDIVIDUARE	DEVONO
DOPO	SPENSIERATO
MONDO	AGITARE
ATOMICO	MODIFICARE
FLESSIBILE	TERRORE
PRECISIONE	PIANTA
GELATINA	SCARSO
ARTICOLI	RIAVVOLGERE

Puzzle 69

```
S  E  D  A  G  C  A  V  O  L  O  S  X  B  F
E  R  O  N  U  H  K  K  E  W  L  C  B  M  E
T  R  V  F  A  Y  Z  B  D  B  L  D  W  A  D
T  V  E  W  R  P  R  E  S  S  I  O  N  E  E
I  A  M  V  D  X  C  L  R  P  Q  B  Z  U  L
M  P  Y  G  A  O  M  I  K  P  E  S  V  Q  E
A  G  R  A  N  D  E  T  F  M  M  C  F  V  N
P  E  N  T  O  L  A  S  O  U  C  E  O  U  Z
C  O  I  N  V  O  L  T  O  F  B  C  S  R  P
C  O  M  P  L  E  T  A  M  E  N  T  E  O  E
F  A  M  I  G  L  I  E  S  E  L  G  N  I  A
A  S  L  F  E  R  M  A  R  E  N  I  N  V  L
H  B  O  T  T  I  G  L  I  A  M  N  O  Q  M
P  I  H  K  F  C  O  M  P  U  T  E  R  Q  R
```

GUARDA	PECORE
INGLESE	FAMIGLIE
AVERE	BOTTIGLIA
SEMPRE	COMPUTER
FEDELE	MAI
PENTOLA	ORE
CAVOLO	GRANDE
FERMARE	COMPLETAMENTE
COINVOLTO	STILE
SETTIMA	PRESSIONE

Puzzle 70

```
C O M M E S T I B I L E P M S
T C Q G Z E P I E T R A U E P
A P P A R T E N E R E F Z L A
E S T E R N O E W U V L Z A Z
D N F E C B X R L V Z W O C Z
C R E N O I Z E T O R P L O O
E J Y K L J Z G S S X E A N L
N A D P O P E G K S A T Z D A
A Z L N R D N U U I O P Y O S
E U G N A S Z R V A N C E R V
M Z A K T Q E T Y S L C S V T
R W Q H O A R S S P E S S O A
T A V O L A O I L G I F W Q G
W T O L L I R D O C C O C U F
```

SANGUE	CENA
SPAZZOLA	TAVOLA
MELA	PUZZOLA
COMMESTIBILE	PROTEZIONE
ZENZERO	PIETRA
COLORATO	CONDOR
COCCODRILLO	FIGLIO
ESTERNO	SPESSO
SCOSSE	APPARTENERE
SAPEVA	DISTRUGGERE

Puzzle 71

```
M  T  I  G  T  E  L  E  F  O  N  O  H  B  R
L  A  À  T  I  S  O  R  E  N  E  G  W  G  I
I  T  C  R  S  R  Q  L  V  Y  Y  H  I  U  N
F  L  B  C  L  Z  O  T  N  E  M  A  N  I  G
T  E  Z  P  H  E  T  L  X  P  P  L  F  D  R
N  C  B  T  F  I  F  F  M  C  D  A  O  A  A
G  S  A  G  O  T  A  D  L  O  S  R  R  R  Z
S  O  T  T  O  E  N  T  J  N  G  G  M  E  I
F  L  P  S  D  M  Z  T  O  T  X  H  A  K  A
S  T  G  O  T  H  D  I  K  O  T  E  Z  R  R
A  L  L  E  N  A  T  O  R  E  I  Z  I  M  E
R  A  V  A  N  E  L  L  O  J  G  Z  O  P  Y
P  R  I  M  A  R  I  O  K  G  R  A  N  P  M
I  M  M  E  R  S  I  O  N  E  E  U  I  A  X
```

AMENTO	INFORMAZIONI
RAVANELLO	GAS
PRIMARIO	RINGRAZIARE
MACCHIATO	IMMERSIONE
CONTO	SOTTO
SCELTA	TELEFONO
GIRO	SOLDATO
GENEROSITÀ	ALLENATORE
GUIDARE	TIGRE
LARGHEZZA	FILM

Puzzle 72

```
C G R U U K S M P C A M G G L
E H G I F K R A R A S O R E E
R S I X F H N T E B P N A O B
A M R E H C S U O I E I S G E
C G U I D B Q R C N T T S R T
I V C Z O E Z O C A T O O A N
F N I A P J R X U W O R Q F E
I A S R M M E E P O D A D I M
T S V G A R E V A M I R P A A
N T D W C K J X Z B C E B A R
E R E N O I Z A I V E R B B A
D O T U T I T S O S T B B K I
I S P I N A C I N U K M Q Z H
K N Q I I G P V E V K N V V C
```

SPINACI
SOSTITUTO
GEOGRAFIA
MATURO
PREOCCUPAZIONE
GRAZIE
ASPETTO
SICURI
CABINA
CHIARAMENTE

PRIMAVERA
GRASSO
NASTRO
ABBREVIAZIONE
CAMPO
SCHERMA
CHIEDERE
MONITORARE
IDENTIFICARE
DADO

Puzzle 73

```
V  I  J  P  A  Z  I  E  N  T  E  R  G  O  P
M  N  W  N  O  G  R  I  M  U  O  V  E  R  E
A  T  M  E  N  O  F  O  R  M  I  C  A  D  Y
V  E  R  R  N  L  G  B  M  T  R  U  C  C  O
V  R  D  W  D  Q  A  A  T  R  E  P  O  C  S
E  V  S  D  X  E  D  S  Z  K  O  E  R  M  V
N  I  P  L  C  R  S  Q  F  N  M  R  R  T  H
T  S  E  L  I  T  U  E  T  N  E  I  B  M  A
U  T  C  S  C  A  O  P  R  N  S  C  G  I  R
R  A  I  S  O  D  A  Z  B  T  H  O  U  A  L
O  Z  E  C  I  O  T  O  L  A  O  L  E  S  Q
S  C  O  N  T  I  N  U  A  C  Q  O  R  M  T
O  I  R  A  L  O  B  A  C  O  V  W  R  D  X
T  H  N  O  C  C  U  P  A  T  O  O  A  Z  X
```

SCOPERTA	DESERTO
MENO	RIMUOVERE
UTILE	SPECIE
LIBRO	PERICOLO
INTERVISTA	PAZIENTE
GUERRA	AMBIENTE
AVVENTUROSO	CONTINUA
OCCUPATO	SODA
CIOTOLA	FORMICA
TRUCCO	VOCABOLARIO

Puzzle 74

```
T U N I T À Q L E T O R T A F
M E G E S P Z V I N K N L S Y
I V C K L P E R E M U S S A U
L E Q N Z F L N U Y O O L A Z
L D U V O N I F L E D N A Y U
E M A O T L N V L X K E A O N
P B L C S P O U G D I L T T N
I F S U E F T G W A M E I E A
E F I Q R L T I I T U V V R Q
D E A U R P O Q A A M W I F D
I Z S N A E R G L M M D I T X
Z S I C I E L O H M I R L P E
F I N T O R N O S A A L A C S
C O M I T A T O Y G M K I E A
```

MILLEPIEDI   CIELO
VELENO   TECNOLOGIA
SCALA   LIMONATA
DELFINO   ROTTO
ASSUMERE   QUALSIASI
GAMMA   TORTA
VITE   ARRESTO
VITA   MUMMIA
INTORNO   COMITATO
UNITÀ   DEVE

Puzzle 75

```
O E X W C P Q L A S M G J M A
F N C A R R R P G K O W L D G
Z O I R A T I L O S N G L T G
I L Y F V C T B I C C T N G I
C T J V A R U T A R R E S O U
A A L U T G R A D U A L E C N
M U T O T L U M A C A L Y O G
L P T T A V E R S I O N E R I
E O F O U T I N V I A R E V N
T J P S L R E J K W A T S O P
T I Z L O B A T A M B U R O G
U T E U E A Y R X K V B B A J
R M Z C A O S S E L P M O C U
A T X E T L P Z I A P A R T E
```

SOLITARIO
INVIARE
PARTE
AGGIUNGI
SERRATURA
CORVO
COMPLESSO
GRADUALE
AGO
POSTA

CATTURARE
SOGNO
LETTURA
LUMACA
ZIA
LUCE
AUTO
TAMBURO
CRAVATTA
VERSIONE

Puzzle 76

```
C S R X N P L G N K B U T D S
F O T A X G E R O T T A P I O
E T I A I U M R L M B L I M S
L A Z N G V H G S M A O L I T
I I Z C V N C H L O S U O N A
C L O A S O O H T J K C T U N
E G R F R G L Y X F E S A Z T
H I N F B F Q G T S T A I I I
F V S È S H Z L E D R E V O V
S O R E P U C E R R M O G N O
E R E C N I V N O C E M S E A
F G S P E C I A L M E N T E V
G G G U A R D A N D O A O G Q
S A A G G I O R N A M E N T O
```

AGGIORNAMENTO
AGGROVIGLIATO
BASKET
SOSTANTIVO
STAGNO
SPECIALMENTE
DIMINUZIONE
COINVOLGERE
VERDE
CONVINCERE

RECUPERO
ATTORE
SCUOLA
CAFFÈ
ROZZI
VIA
PERSO
FELICE
GUARDANDO
PILOTA

Puzzle 77

```
S O L U Z I O N E T B M P P I
D I E E V D D E H I G A A R N
V E T E R M C C N P H N P E D
C I V I L E A C I I I T A Z O
F S I I I S T I A C A E R Z V
O A E A O I N T H O C N A E I
R T C R N Y A A A W C E G M N
Z T L T I O T T L B I R R O A
E I M S R A T O Z O O E A L R
U V P I A F O L N N Z E F O E
V I E N N L T K S G W Y O T C
R T R I A X X A R Y E J P U B
B À X S C I N V I T O L H R S
P O R T A P E N N E O I F F K
```

CIVILE	PREZZEMOLO
ECCITATO	TIPICO
SINISTRA	FORZE
SOLUZIONE	INVITO
SERIA	PER
BATTERE	MANTENERE
LEGNO	PARAGRAFO
GHIACCIO	ATTIVITÀ
INDOVINARE	CANARINO
PORTAPENNE	OTTANTA

Puzzle 78

```
B R U C I A T O S U L E D I I
N M E P V Y V Z O A B L D N M
E L Z C C M N C X L D I D V M
G X D A I C L O D T K B S I E
O Q K S V R F Y W R Q A M S D
Z E D O P P R I Q O A T R I I
I N L O T T A I N Z C S N B A
A O C I M R E T T A E Z D I T
R I E D O I K C Q A L B G L A
E C S D Q J E E C I T E R E M
K N A M B I Z I O N E O G A E
S A C O N D I Z I O N E D H N
U R B A S E C O N V E G N O T
T A C C H I N O D A T O N Y E
```

BASE
CONDIZIONE
LOTTA
AMBIZIONE
NEGOZIARE
ARANCIONE
DOLCI
TERMICO
TACCHINO
STABILE

INVISIBILE
DELUSO
ZEBRA
CONVEGNO
ALTRO
IMMEDIATAMENTE
FINALE
IRRITATO
DATO
BRUCIATO

Puzzle 79

```
K O T U O M O G L E L A R U M
M A N I C O Y E A R E E R G P
O E E F E G Z H J A R R T N L
X G B B M F X Y I L A S S O U
N I D O S O L O V U N F P O M
P R E O C C U P A T O I U I M
C P F C P I Q E U A I L G N E
D F Q I O O G N F R Z A N I B
B G W L R C L W Z G E K A Z X
S V T U E H P L H N L W K I Q
T B Q N T U A F O O E A T O A
J R T A S I S E T C S C S W L
S A B B I A S R I C E V E R E
D Z J S M G O R O R J G T P U
```

MANICO
PASSO
RICEVERE
MOTEL
PREOCCUPATO
INIZIO
TEST
TESI
POLLO
SELEZIONARE

MURALE
SABBIA
NIDO
SPUGNA
NUVOLOSO
MISTERO
LUNA
UOMO
CONGRATULARE
FILA

Puzzle 80

```
P  I  M  M  A  G  I  N  A  R  E  L  X  Q  R
O  G  I  A  R  D  I  N  O  A  Q  F  M  C  I
R  N  W  U  W  S  T  O  M  A  C  O  F  O  T
T  F  O  R  T  U  N  A  U  P  M  A  G  R  O
A  P  R  O  F  E  S  S  O  R  E  P  D  O  R
T  J  B  L  T  A  C  R  E  D  E  R  E  N  N
I  E  O  A  A  T  T  A  R  V  N  V  T  A  O
L  B  Q  I  S  S  R  E  S  I  D  E  N  T  I
E  S  H  O  C  I  C  O  M  U  N  E  E  L  T
F  F  H  Y  A  T  C  O  W  T  V  H  D  M  S
S  D  W  D  E  R  A  N  G  A  D  A  U  G  E
P  L  U  V  I  A  L  E  V  Z  A  S  R  B  U
E  N  O  L  I  U  Q  A  Z  W  F  U  P  R  Q
J  Y  U  O  B  S  T  A  B  I  L  I  R  E  M
```

PRUDENTE
AQUILONE
RESIDENTI
IMMAGINARE
PLUVIALE
PROFESSORE
FORTUNA
RITORNO
STOMACO
TASCA

BLU
STABILIRE
PORTATILE
CREDERE
QUESTI
GUADAGNARE
CORONA
ARTISTA
GIARDINO
COMUNE

Puzzle 81

```
Ì  D  E  L  O  C  R  E  M  O  H  Q  W  K  E
F  Y  C  U  N  J  O  C  P  O  W  F  H  L  B
T  H  N  H  Q  V  I  S  A  U  Q  H  S  Z  E
A  C  C  A  D  E  R  E  T  O  L  Z  Q  W  S
D  M  A  N  D  R  I  A  T  R  G  I  Z  K  T
R  E  C  O  N  O  M  I  C  O  U  P  R  N  I
A  A  T  A  R  I  T  L  V  F  C  I  M  E  A
M  P  E  R  O  T  A  R  O  V  A  L  R  J  M
M  R  H  A  A  T  S  I  L  O  S  C  I  E  E
A  I  C  F  R  T  D  P  G  N  O  V  L  M  R
T  M  L  Y  E  G  T  D  I  S  C  O  R  S  O
I  A  A  R  P  E  L  A  U  T  T  A  U  P  S
C  F  U  Q  Z  M  Y  U  R  C  D  D  J  U  M
A  G  Q  R  V  E  G  H  P  E  L  A  C  S  D
```

QUASI	COSTRUIRE
SCALE	CLIP
LAVORATORE	MANDRIA
ATTUALE	MERCOLEDÌ
DRAMMATICA	PRIMA
ECONOMICO	TIRATA
SOLISTA	BESTIAME
PERA	TRATTARE
DISCORSO	ACCADERE
QUALCHE	PULIRE

Puzzle 82

```
P  R  E  P  A  R  A  R  E  X  O  C  W  P  E
J  B  O  A  C  C  I  A  I  O  D  I  P  U  C
C  E  T  N  E  M  L  A  N  O  S  R  E  P  A
C  O  N  O  S  C  E  N  Z  A  M  E  R  C  T
C  D  E  R  E  M  I  R  P  E  D  R  S  P  T
S  A  V  Z  V  H  S  M  X  Q  I  E  H  R  R
E  A  V  F  G  O  I  Q  K  F  N  G  A  A  A
D  S  S  A  D  P  R  S  Z  A  V  I  M  T  E
I  V  M  I  L  T  C  S  B  M  O  O  P  I  N
A  K  M  N  N  I  X  E  R  I  L  N  O  C  T
J  S  G  I  Z  O  E  A  C  G  U  E  O  A  E
K  G  R  E  L  A  X  R  S  L  C  M  T  G  W
N  O  T  I  Z  I  E  N  E  I  R  A  M  I  E
K  M  D  P  J  W  I  J  C  A  O  P  J  T  O
```

RELAX
PREPARARE
ATTRAENTE
ACCIAIO
INVOLUCRO
CAVALIERE
VENTO
PRATICA
CREMA
PERSONALMENTE

CRISI
FAMIGLIA
CUPIDO
SHAMPOO
ASINO
CONOSCENZA
NOTIZIE
REGIONE
SEDIA
DEPRIMERE

Puzzle 83

```
L A G O P A T S O P S I R P D
E S G V W T C G Q E H I B R I
O P L F H L U C M T R S G O S
E R O T A C R A M T H O V B C
L C E S P A L O C I V R A A U
A L R O S R E V H N A E G B T
C I E E C I L P M E S M U I E
I E D A F J B A R Y O U T L R
P N E C Q E N I K R V N T M E
O T V I V U S U L W O W A E B
R E E N D Y I T K I M W L N G
T B R C M K U P A A T K J T W
I S P E Z I O N A R E À X E Q
O V O T T O R R E T N I J B P
```

FESTA
MARCATORE
ARVICOLA
INTERROTTO
TECNICA
POSSIBILITÀ
VERSO
PETTINE
LAGO
RISPOSTA

CLIENTE
QUI
ISPEZIONARE
PREVEDERE
LATTUGA
NUMEROSI
DISCUTERE
PROBABILMENTE
SEMPLICE
TROPICALE

Puzzle 84

```
P  I  P  W  E  J  L  R  U  O  T  A  B  U  V
R  X  O  O  S  R  E  V  A  R  T  T  A  F  I
E  S  P  C  K  M  E  E  D  U  C  A  T  O  N
C  G  O  R  S  H  R  I  C  I  D  O  D  Z  T
I  I  L  H  A  Q  L  E  L  B  B  B  S  H  O
P  N  A  N  E  C  S  O  Q  G  T  O  V  R  B
I  O  R  B  Q  U  E  S  T  O  C  R  A  P
T  C  E  B  V  I  S  V  B  I  M  C  T  V  K
A  C  C  O  B  S  T  I  L  N  O  A  C  M  N
Z  H  J  O  W  O  E  A  O  I  D  V  I  A  U
I  I  A  N  T  L  S  G  C  B  E  F  X  E  R
O  O  V  I  J  A  S  G  C  M  R  I  M  I  O
N  Z  N  P  V  T  I  I  H  A  N  I  G  E  R
I  Q  R  R  Q  O  D  O  I  B  O  O  F  F  L
```

BAMBINI
ISOLATO
SCENA
PARCO
BLOCCHI
VINTO
RUOTA
STESSI
ATTRAVERSO
VIAGGIO

DODICI
PRECIPITAZIONI
EDUCATO
MODERNO
RACCOGLIERE
QUESTO
GINOCCHIO
REGINA
BOCCA
POPOLARE

Puzzle 85

```
Y  E  R  O  I  F  L  O  V  A  C  C  V  V  B
K  J  O  I  C  A  B  B  H  A  U  Y  I  D  X
I  O  R  I  B  O  V  I  T  A  E  R  C  I  R
A  N  O  À  T  E  I  C  O  S  S  F  I  N  Q
C  A  D  A  U  Z  S  D  H  W  I  W  N  V  W
E  D  O  I  P  R  O  M  E  S  S  A  O  I  J
T  E  M  E  R  P  I  E  G  A  Z  P  N  A  A
O  S  O  I  T  I  U  U  E  S  Z  W  A  T  M
N  Y  P  F  G  Q  Z  L  T  Q  G  W  O  O  M
I  V  E  F  R  Y  K  Z  M  A  E  S  T  R  O
N  Q  F  M  F  N  A  X  O  I  K  T  U  H  G
A  S  P  E  T  T  A  R  S  I  P  K  N  D  O
P  F  O  R  C  E  L  L  A  N  M  Q  I  E  E
T  B  Y  B  F  X  C  O  R  P  O  D  M  G  D
```

INDIRIZZO	PIEGA
ASPETTARSI	PANINOTECA
INVIATO	GOMMA
MINUTO	BACIO
CORPO	RIBES
SEDANO	MAESTRO
RICREATIVO	FORCELLA
PROMESSA	POMODORO
SOCIETÀ	DENTE
CAVOLFIORE	VICINO

Puzzle 86

```
S  I  G  N  I  F  I  C  A  T  I  V  O  D  U
I  N  T  E  R  A  Z  I  O  N  E  T  N  I  F
T  R  A  S  F  E  R  I  M  E  N  T  O  B  R
Y  I  U  T  M  O  W  A  U  T  P  E  S  A  P
A  N  T  E  N  A  T  O  S  N  C  T  S  T  L
P  E  S  A  N  T  E  S  A  E  M  I  E  T  F
H  H  B  U  D  L  O  R  T  I  N  M  C  I  A
D  C  F  H  Y  E  O  C  K  N  C  B  C  T  G
P  E  R  A  I  B  M  A  C  F  H  R  A  O  I
U  H  A  Z  N  E  R  R  O  C  N  O  C  X  A
T  O  A  Z  V  Q  I  N  B  X  A  O  U  C  N
L  E  O  N  E  N  R  E  T  T  O  N  T  U  O
D  U  P  L  I  C  A  T  O  S  O  I  R  U  C
D  H  A  G  J  I  P  B  Q  B  U  Z  M  V  Q
```

DUPLICATO
TRASFERIMENTO
TIMBRO
SIGNIFICATIVO
ACCESSO
NOTTE
PESANTE
INTERAZIONE
CONCORRENZA
CHE

LEONE
NIENTE
CURIOSO
CIAO
ANTENATO
CAMBIARE
FAGIANO
CARNE
DATI
DIBATTITO

Puzzle 87

```
N A S C I T A O C T S H P K P
M U J B Q S U O O D V S S J E
B A J Z Y A A C R O I P T T R
R U G H E O V C S T L I R S C
G R A N C H I O O N U E U L H
S E R E D N E T S E P G T A É
T E R M I N E Z O M P A T V B
B I B L I O T E C A A R U O Q
N T T L I R I N N N R E R R I
V K K E C R J M A E E H A E Y
B Q C O O U N A I L C V Q T K
U E L X S B M S B L S N X T Z
P U B B L I C O J A U V S O F
C H I O D O C O M O D E Z P U
```

SPIEGARE
CHIODO
PUBBLICO
RUGHE
GRANCHIO
LAVORETTO
TERMINE
CORSO
BIBLIOTECA
ALLENAMENTO

ESTENDERE
PERCHÉ
TOCCO
COMODE
MIO
STRUTTURA
SVILUPPARE
NASCITA
BURRO
BIANCO

Puzzle 88

```
A  B  B  O  N  D  A  N  Z  A  K  R  Q  M  O
F  O  R  M  A  L  M  E  N  T  E  O  B  A  C
Q  W  K  Z  Q  U  O  Z  I  E  N  T  E  N  C
R  H  Q  M  K  J  P  I  S  E  L  L  O  T  I
A  S  C  I  U  G  A  M  A  N  O  J  G  E  D
T  K  M  I  K  I  C  Q  N  D  I  I  P  N  E
I  N  G  A  N  N  O  P  I  A  T  T  I  U  N
P  U  Y  S  T  Z  G  A  F  B  V  Z  C  T  T
A  D  E  N  T  I  L  R  E  A  M  G  E  O  A
S  F  R  N  L  O  G  E  R  S  M  C  R  W  L
S  F  A  L  S  O  C  A  R  T  R  O  V  G  E
A  N  I  L  L  A  G  A  O  O  N  E  O  H  Z
T  D  I  M  E  N  A  R  E  N  J  O  Y  O  M
O  E  N  O  I  Z  A  S  R  E  V  N  O  C  N
```

FERRO	PIATTI
QUOZIENTE	ABBONDANZA
CONVERSAZIONE	OCA
FALSO	CERVO
OCCIDENTALE	DENTI
PISELLO	AREA
BASTONE	DIMENARE
GALLINA	MANTENUTO
FORMALMENTE	INGANNO
PASSATO	ASCIUGAMANO

Puzzle 89

```
W  I  O  R  D  I  N  A  M  E  N  T  O  E  V
Q  R  S  P  U  N  T  A  S  R  P  X  B  T  I
L  O  N  C  A  B  B  A  S  S  A  R  E  N  L
A  S  O  B  R  U  T  S  I  D  X  O  F  A  L
R  O  U  Q  F  I  C  E  N  T  R  O  A  I  A
G  L  Q  N  P  O  V  R  L  Z  I  P  L  G  G
O  O  P  Y  C  Y  R  I  T  W  N  I  C  G  G
S  T  N  W  M  J  N  T  T  S  H  A  O  E  I
L  T  C  T  I  K  I  D  E  I  P  C  U  L  O
J  E  N  U  I  C  M  E  R  A  G  E  L  L  A
E  R  I  U  G  E  S  R  E  P  S  R  Z  A  T
U  F  W  C  V  P  U  G  Y  N  X  E  N  G  S
Z  V  B  F  O  P  R  O  T  E  G  G  E  R  E
T  R  A  D  I  Z  I  O  N  A  L  E  R  K  F
```

FALCO	FORTE
PROTEGGERE	PIEDI
TRADIZIONALE	ABBASSARE
PUNTA	ALLEGARE
FRETTOLOSO	LEI
VILLAGGIO	DISTURBO
ISCRIVITI	LARGO
CENTRO	PECK
ORDINAMENTO	PIACERE
PERSEGUIRE	GALLEGGIANTE

Puzzle 90

```
D U Q N A P F S A B A T O S W
J V R V F E O R U C I S D C F
V E G Z P R T P U P I L L A B
I L D J O C O A N N U S A R E
G A T T O O C N E V E Z R C R
X E P R E R A C O I G Z L O A
O D M C U S M P X D G S A N N
C I U A O O E J R U O I T G I
A G H W M E R A N U L N T E M
L Z X V Z M A M G A K C E L O
N O L O T T A I O C S I V A N
I N V E S T I M E N T O G R R
T E M P E R A M A T I T E E W
C M E D I C I N A S K N E Y C
```

NOMINARE
CONGELARE
LUNARE
GATTO
GIOCARE
PUPILLA
SICURO
NEVE
TEMPERAMATITE
INVESTIMENTO

MEDICINA
PERCORSO
NODO
FOTOCAMERA
LATTE
MAMMA
ANNUSARE
IDEALE
SCOIATTOLO
SABATO

Puzzle 91

```
V  L  C  M  P  R  E  S  T  A  Z  I  O  N  I
E  I  O  K  A  R  R  E  T  G  M  C  L  C  B
C  P  T  C  Y  G  H  E  O  E  E  I  R  O  T
C  E  K  T  A  E  L  A  N  R  R  N  N  P
E  J  Z  K  I  L  S  I  N  T  A  R  S  S  E
Z  R  E  O  E  M  E  G  A  S  V  E  E  N
I  Y  N  P  L  Q  E  E  E  T  I  V  R  C  N
O  D  O  S  S  U  L  T  L  L  G  F  V  U  A
N  X  I  M  H  C  A  A  P  A  L  L  O  T  H
E  G  G  F  Q  P  T  R  M  D  I  W  N  I  O
S  A  A  F  V  H  J  T  O  A  A  P  O  V  T
R  E  T  N  A  I  P  S  C  L  M  M  A  O  J
Z  C  S  D  U  A  L  V  U  W  Y  J  R  D  Z
X  H  E  I  U  W  D  W  E  T  U  D  G  E  K
```

MAGLIA	SERVONO
STRATEGIA	PRESTAZIONI
TALE	LOCALE
VITTIME	STAGIONE
TERRA	VERNICI
CONSECUTIVO	MERAVIGLIA
DAL	LUSSO
COMPLEANNO	PENNA
STREGA	PIANTE
MIX	ECCEZIONE

Puzzle 92

```
S O X P I A Z Z A A C N C U A
V T H F E P O Y S V A U O X G
R I N P A C L I V L M B M E I
I R E G W N L N K E I E F C N
P U S T U O E V H G O Y O C C
R A S Z A S N I E G N V R I L
I P A Q I R N T W E M G T S U
S M L S R E E A K H M R K L D
T I C K E V P R P R U G N A E
I B N W S I I E H R R I U S R
N X G F I D U R A G A N O W E
O T N E M I V O M E C F N G M
C H M E N Z I O N A R E B I Y
N U T R I E N T I B G O F V F
```

IMPAURITO	CAMION
DIVERSO	PIAZZA
CLASSE	INVITARE
PRUGNA	PENNELLO
MOVIMENTO	SALSICCE
URAGANO	VIETARE
NUTRIENTI	NUBE
LEGGE	COMFORT
MISERIA	MENZIONARE
INCLUDERE	RIPRISTINO

Puzzle 93

```
E  T  N  E  M  A  S  O  R  O  L  O  D  D  R
T  S  A  P  O  N  E  E  E  A  Y  K  T  I  E
E  C  E  S  T  I  N  O  R  V  S  E  O  S  S
M  G  T  M  B  G  S  S  E  P  A  Y  N  C  P
P  I  A  O  D  R  U  S  C  C  E  Q  I  E  O
E  A  M  E  N  V  Y  A  R  Y  I  N  T  S  N
S  C  P  R  H  F  W  B  A  A  M  F  T  A  S
T  E  C  O  K  F  O     C  U  P  F  A  I  A
A  V  T  T  S  Q  U  A  D  R  A  T  G  E  B
G  A  I  T  W  I  M  P  R  O  P  R  I  O  I
A  S  S  I  S  T  E  R  E  G  R  G  B  O  L
P  Q  P  R  V  T  T  A  F  A  Y  U  T  J  I
O  C  A  C  C  D  N  V  E  R  A  V  M  E  T
O  T  A  S  S  O  D  N  I  D  I  U  E  L  À
```

SAPONE	CESTINO
GATTINO	DISCESA
SQUADRA	BASSO
IMPROPRIO	DRAGO
GIACEVA	SCRITTORE
RESPONSABILITÀ	SERPENTI
TEMPESTA	TONFO
MURO	INDOSSATO
DOLOROSAMENTE	ASSISTERE
PAGA	CARCERE

Puzzle 94

```
P  M  R  Z  L  D  Y  C  U  A  R  U  W  W  C
T  U  S  F  K  V  E  B  G  K  T  O  E  E  U
E  L  L  I  M  E  G  W  S  R  M  T  S  C  L
R  X  O  I  G  G  E  T  N  O  C  Y  P  K  T
M  E  R  A  T  T  U  R  E  N  O  N  N  A  U
O  B  R  E  V  O  S  P  E  R  A  N  Z  A  R
M  L  B  N  I  I  L  Q  N  D  U  C  X  G  A
E  U  J  I  O  D  V  C  O  N  A  A  T  C  L
T  N  U  L  H  Z  R  G  T  L  R  C  I  E  E
R  G  E  T  N  E  M  L  O  V  E  R  O  N  O
O  O  B  E  T  U  G  U  C  K  T  G  R  D  S
X  Z  A  N  I  M  A  L  I  D  T  L  A  J  B
H  E  N  O  I  Z  A  C  U  D  E  A  C  T  N
S  C  A  R  A  B  E  O  D  O  L  G  I  À  O
```

NONNA	CARO
CONTEGGIO	GIÀ
SPERANZA	ERUTTARE
LINEA	LUNGO
LEGATO	ONOREVOLMENTE
CULTURALE	COTONE
MILLE	PULITO
TERMOMETRO	SCARABEO
LETTERA	ANIMALI
VERBO	EDUCAZIONE

Puzzle 95

```
S  E  R  I  D  E  B  B  O  H  S  T  Z  A  C
E  S  T  E  L  E  V  I  S  I  O  N  E  E  R
M  P  O  O  W  C  E  Z  A  I  L  R  M  R  O
P  E  A  T  I  B  R  O  R  W  I  H  X  I  C
L  R  U  N  J  R  A  N  A  L  B  E  D  T  E
I  I  P  E  Q  C  L  E  V  K  B  R  O  S  X
F  M  B  M  E  N  O  I  Z  A  R  E  N  E  G
I  E  B  I  L  E  C  E  U  M  E  I  A  G  G
C  N  W  T  A  C  L  D  O  N  I  L  M  I  A
A  T  P  R  I  V  A  T  O  K  X  G  I  O  F
R  O  A  E  A  I  C  U  D  I  F  O  C  V  Y
E  F  H  V  Z  M  I  M  L  T  B  I  O  A  F
R  B  Q  V  V  E  E  H  A  F  X  C  Y  N  W
N  O  T  A  I  P  P  O  C  S  I  S  W  E  J
```

AMICO	OBBEDIRE
DONI	FIDUCIA
GENERAZIONE	LIBBRE
TELEVISIONE	CALCOLARE
ORBITA	PRIVATO
SCOPPIATO	GESTIRE
SCIOGLIERE	CALDO
SEMPLIFICARE	AVVERTIMENTO
LANA	ESPERIMENTO
CROCE	GIOVANE

Puzzle 96

```
F  P  T  C  C  D  E  Q  L  E  S  U  C  S  P
O  I  W  O  E  I  O  B  U  Y  U  P  O  B  U
R  O  N  C  S  E  G  N  T  D  V  G  N  M  B
T  M  D  K  U  E  O  N  N  L  N  A  T  P  B
U  B  X  T  C  L  N  E  O  E  Z  V  R  L  L
N  O  J  A  O  X  L  T  L  A  F  I  I  O  I
A  F  M  I  F  D  N  R  I  Q  H  T  B  Z  C
T  U  D  L  D  U  R  O  F  T  D  A  U  C  A
O  E  Z  A  F  L  J  C  C  Q  O  N  I  I  Z
C  O  N  C  E  N  T  R  A  T  O  R  R  A  I
I  Q  B  N  O  K  L  I  M  I  T  E  E  N  O
E  Q  K  A  D  N  A  M  O  D  S  T  B  C  N
I  D  B  B  I  Q  N  R  S  S  E  L  V  H  E
P  O  L  I  T  I  C  A  W  O  T  A  R  E  K
```

FORTUNATO	CIGNO
COCKTAIL	ANCHE
DURO	POLITICA
PIOMBO	LIMITE
CORTE	CONCENTRATO
TESTO	DOMANDA
DONNE	CONTRIBUIRE
FOCUS	BANCA
SCUSE	ALTERNATIVA
PUBBLICAZIONE	SENTITO

Puzzle 97

```
P  I  I  X  L  P  V  R  S  A  N  A  N  A  A
T  U  M  E  T  U  A  H  A  I  E  M  K  L  R
X  S  J  I  T  I  F  Y  M  I  G  W  V  A  M
O  M  L  J  T  J  E  Y  Q  Z  Y  N  A  S  A
G  N  A  V  H  A  D  A  R  T  S  T  O  U  Q
E  R  E  D  N  E  R  P  X  D  F  P  J  R  U
R  S  A  W  O  C  A  P  P  E  L  L  O  V  E
O  C  A  V  E  C  C  E  Z  I  O  N  A  L  E
I  A  S  N  I  R  E  C  E  N  S  I  O  N  E
L  T  C  M  V  T  S  P  E  C  C  H  I  O  B
G  O  Y  F  S  I  À  T  I  L  I  C  A  F  O
A  L  O  T  T  E  N  E  R  E  K  R  C  B  R
B  A  T  E  M  P  E  R  A  T  U  R  A  O  D
R  I  T  R  A  T  T  O  I  H  C  R  E  C  O
```

RITRATTO

PRENDERE

BORDO

ANANAS

CERCHIO

GRAVITÀ

FACILITÀ

OTTENERE

STRADA

CAPPELLO

BAGLIORE

SPECCHIO

SALA

SCATOLA

IMITA

ECCEZIONALE

ARMA

TEMPERATURA

SIGNORE

RECENSIONE

Puzzle 98

```
L E B Y M E Q Q B V Y V X J L
G O O C R S U C A C C I A D O
N A T I Q E A B A L E N A U Y
P X L T D R L C H I E S T O L
J O I L O C U F E B B R E T E
N U R K A I N M U S E O Q A G
F U O T J T Q Z H T I P T I G
I F U E A O C J Y S M W C E
P M F C I T E R E C S E R C R
C R E S C I O N E U W Y F I E
S O D D I S F A T T I E V R D
T E N E R A M E N T E C H R L
S E M B R A R E O C I T N A H
P I N G R E D I E N T E D Z M
```

CHIESTO

CRESCERE

LOTTO

GALLA

FEBBRE

FUORI

LEGGERE

INGREDIENTE

SEMBRARE

CRESCIONE

QUALUNQUE

PORTA

CACCIA

ARRICCIATO

ESERCITO

TENERAMENTE

ANTICO

SODDISFATTI

BALENA

MUSEO

Puzzle 99

```
D A T D F E A M A N G I A R E
E M B E N V E N U T O S N E D
T B H R R T R W A A Y F L P J
T I L A U G U D T P H Q F G I
A E S R J G Y O O B M E J K N
G N Q O V E R I F I C A R S I
L T E L P S I M V T D I C C C
I A K P A R Z R O N F T T A O
O L F S U C A A C E C B K P M
P E V E L Q L P U V A K U I P
A Y R F A T Q S O I M M H T A
C A S D G O Z I K W Q R A A G
O P B W A L Z R S O L O D L N
Z V O C E M V I V E N T E E O
```

CAMPANA
VERIFICARSI
MANGIARE
VOCE
VENTI
CAPO
VIVENTE
CAPITALE
MADRE
SOPRA

RISPARMIO
AMBIENTALE
DETTAGLIO
BENVENUTO
DENSO
ESPLORARE
UGUALI
AULA
COMPAGNO
SOLO

Puzzle 100

```
E R A C I L P I T L O M F T P
Q U W I U W O U G L C Q E W R
I D E N T I T À N Q Y T Z I I
M O P V D M A S G T S U S U M
Z I A X K O T G R M O T T G O
T I S P V L L A R B A T T M I
H M U U K T A M Z P J O V I C
K P A J R O S C S M R E T E C
N R P X C A R E S A T S T B I
J O E N O I Z R O P X M A R R
T N Q W X O V I T A N D A C E
Y T Q M O T A L O C C O I C U
J A G M O S T R O N Y H F V K
C O O P E R A R E O E O X H D
```

MISURAZIONE
IMPRONTA
MOLTO
PAUSA
PUNTO
PORZIONE
RICCIO
MOLTIPLICARE
CIOCCOLATO
RETE

APE
COOPERARE
IDENTITÀ
TUTTO
NATIVO
PRIMO
MOSTRO
SALTATO
TRE
STASERA

Puzzle 1

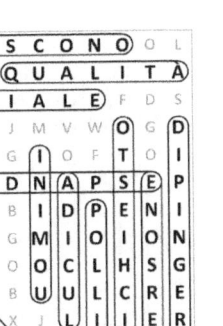

Puzzle 2

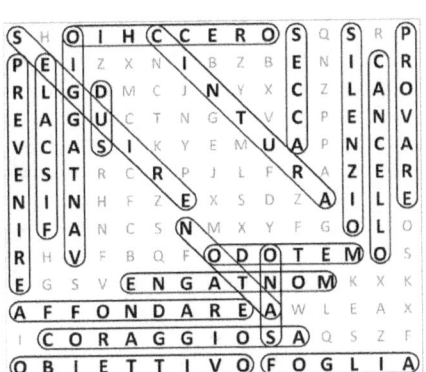

Puzzle 3

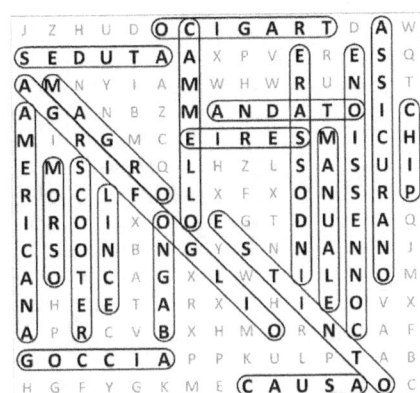

Puzzle 4

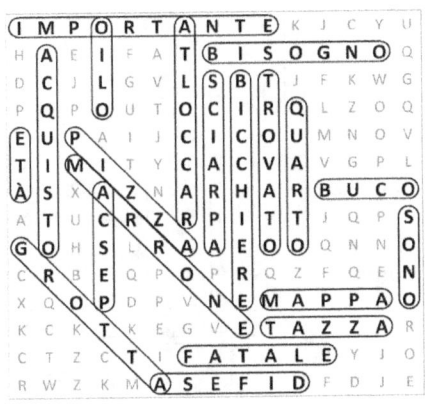

Puzzle 5

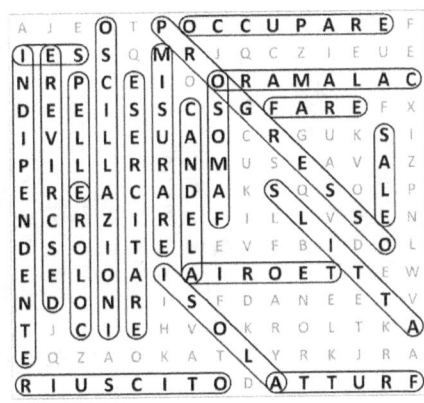

Puzzle 6

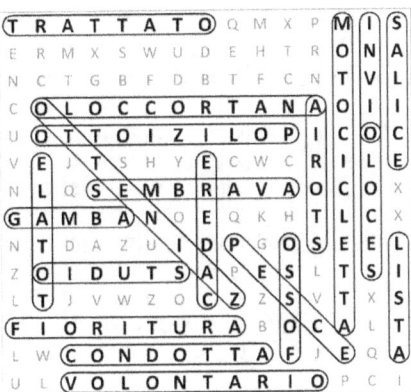

Puzzle 7

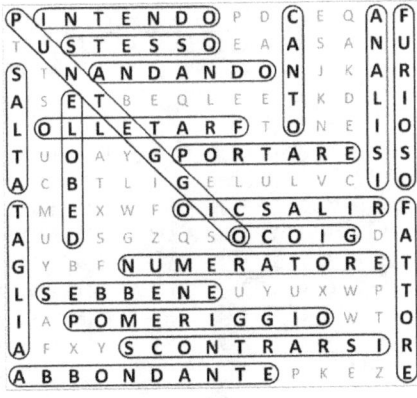

Puzzle 8

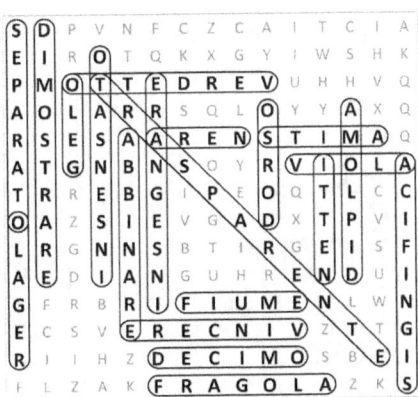

Puzzle 9

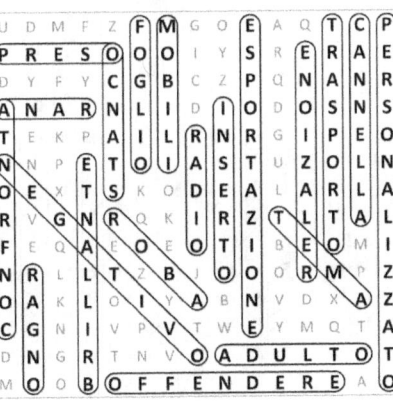

Puzzle 10

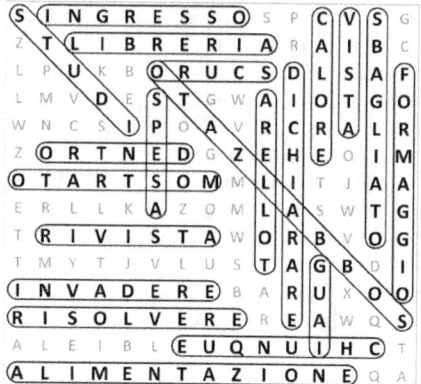

Puzzle 11

Puzzle 12

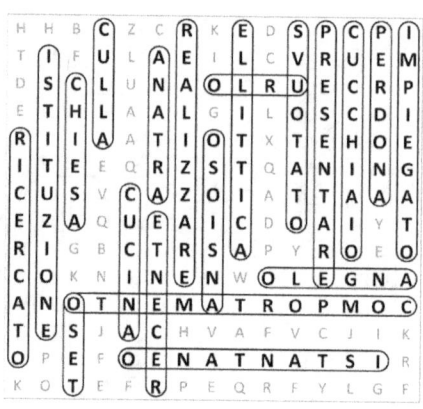

Puzzle 13

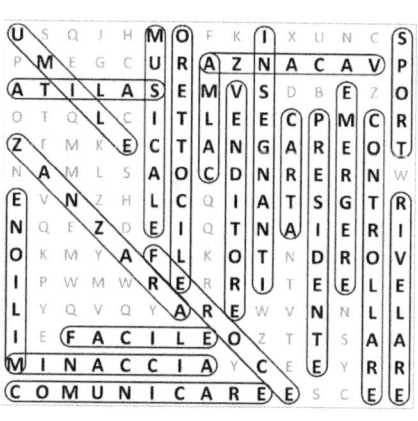

Puzzle 14

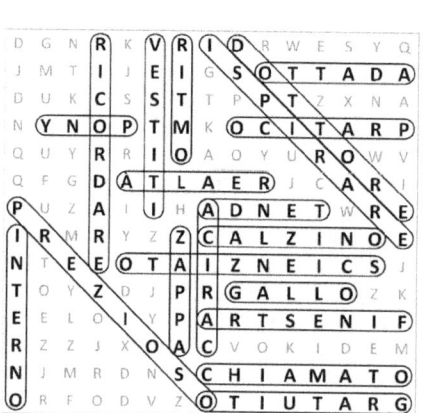

Puzzle 15

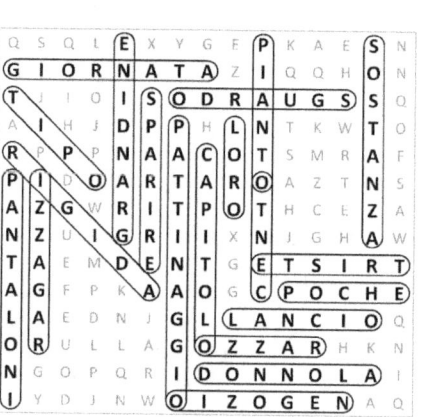

Puzzle 16

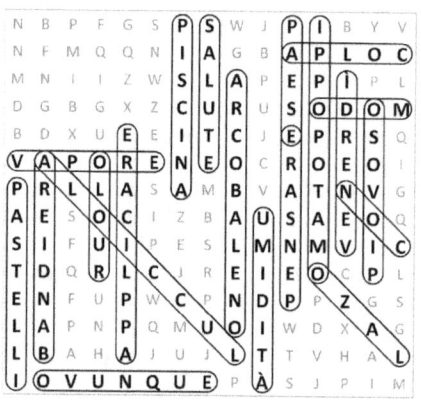

Puzzle 17

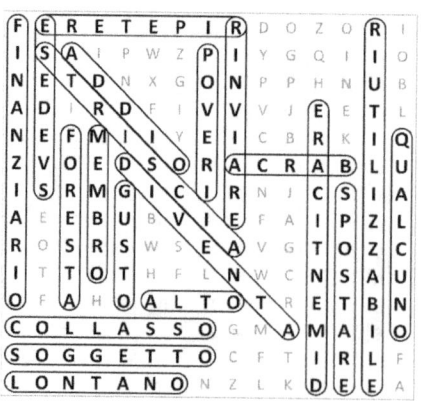

Puzzle 18

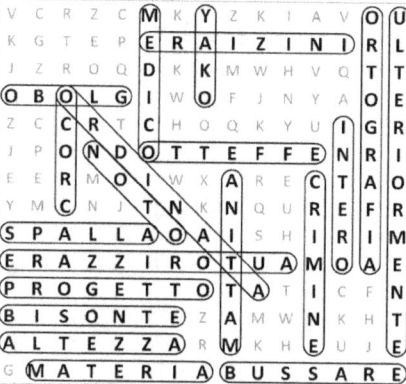

Puzzle 19

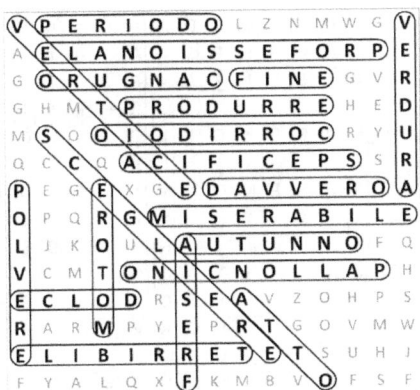

Puzzle 20

Puzzle 21

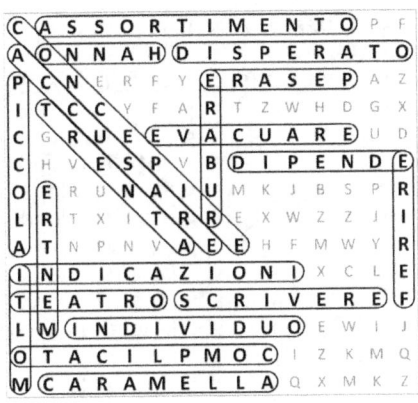

Puzzle 22

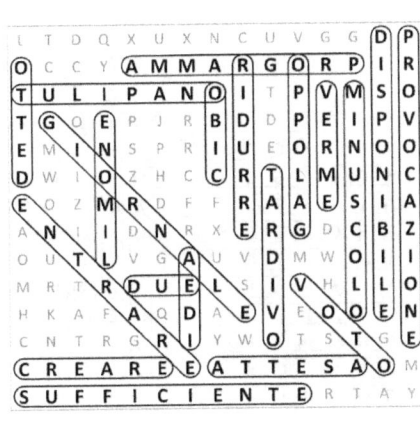

Puzzle 23

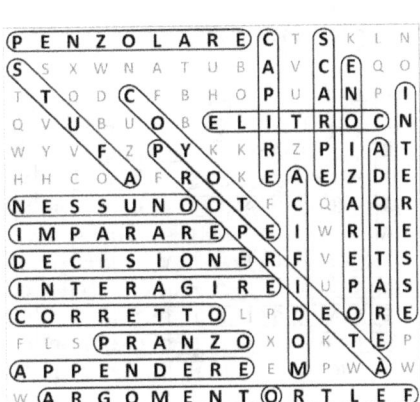

Puzzle 24

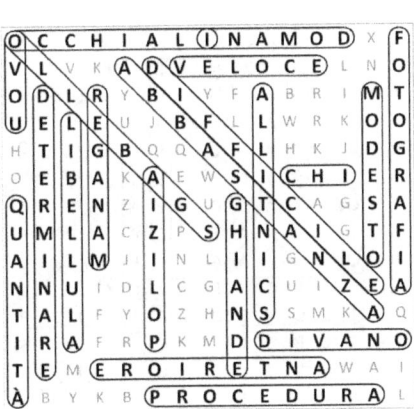

Puzzle 25

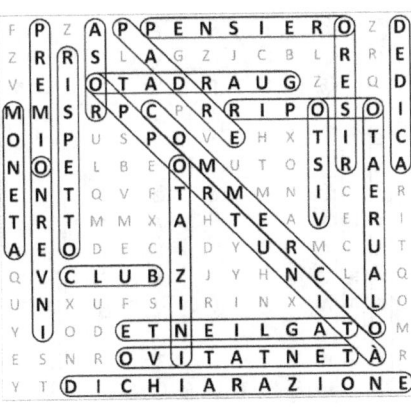

Puzzle 26

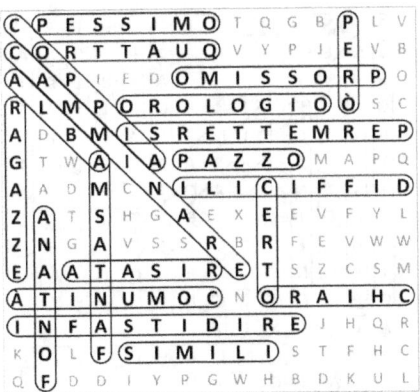

Puzzle 27

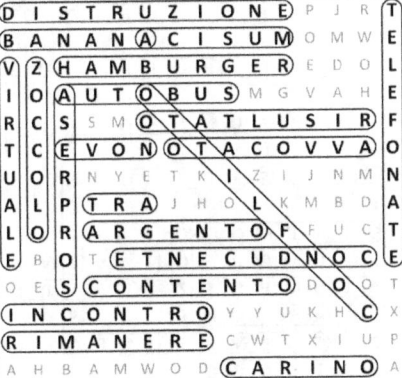

Puzzle 28

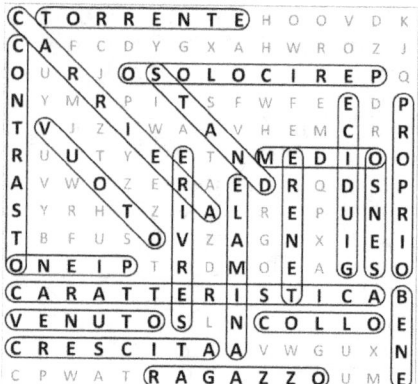

Puzzle 29

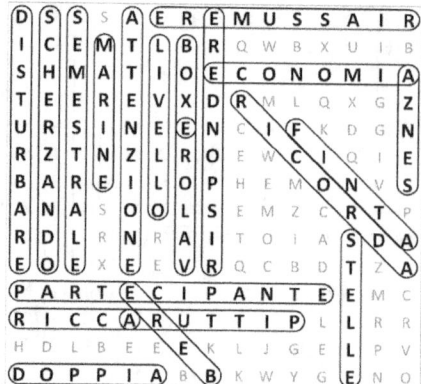

Puzzle 30

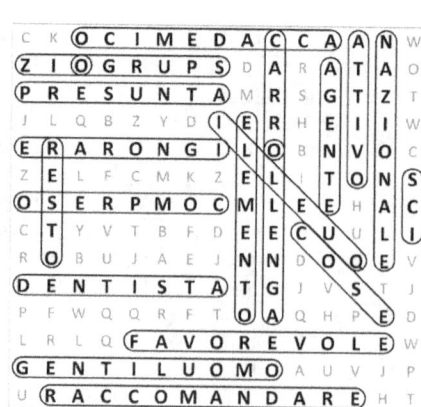

Puzzle 31

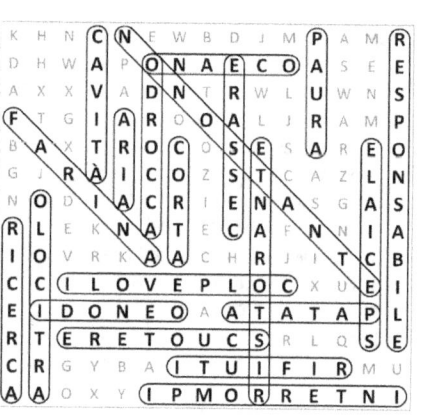

Puzzle 32

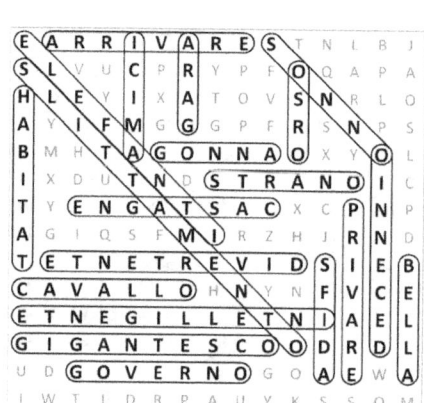

Puzzle 33

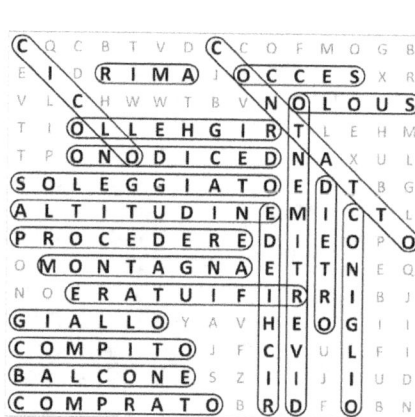

Puzzle 34

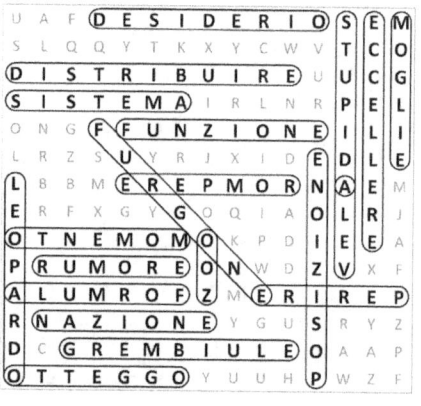

Puzzle 35

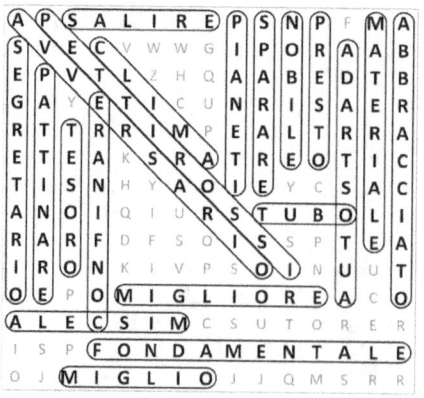

Puzzle 36

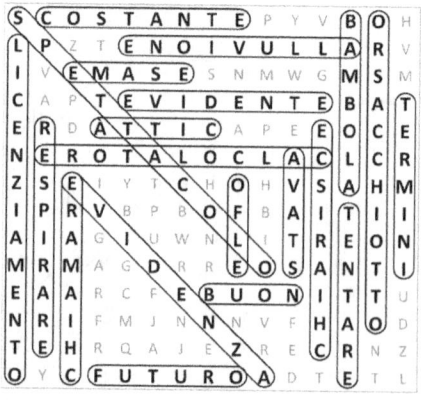

Puzzle 37

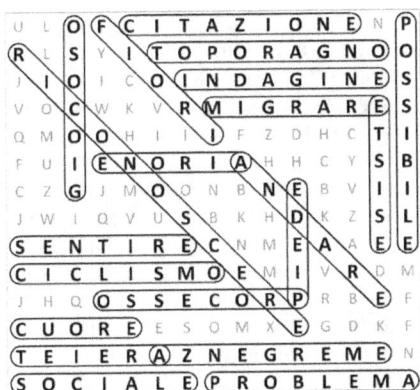

Puzzle 38

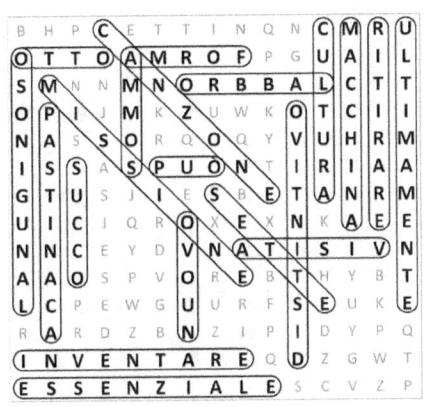

Puzzle 39

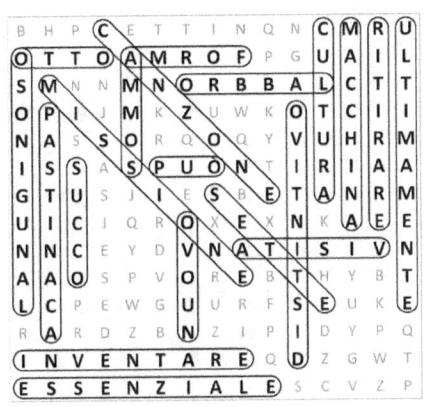

Puzzle 40

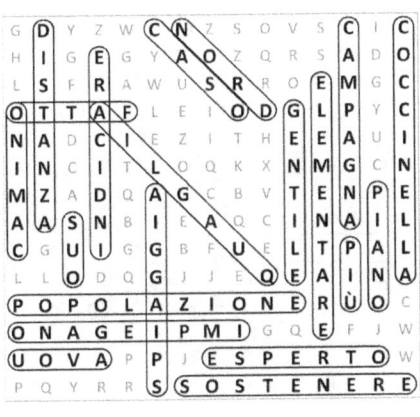

Puzzle 41

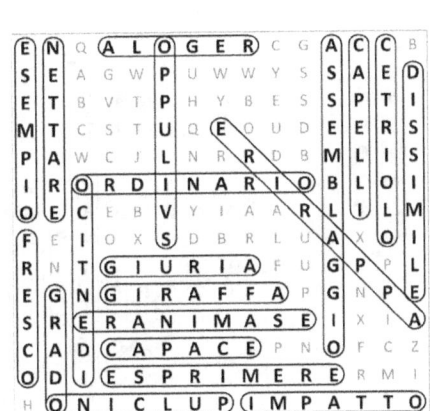

Puzzle 42

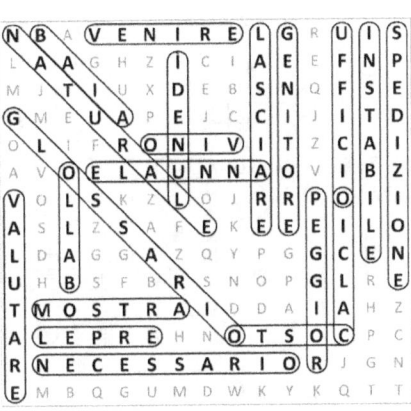

Puzzle 43

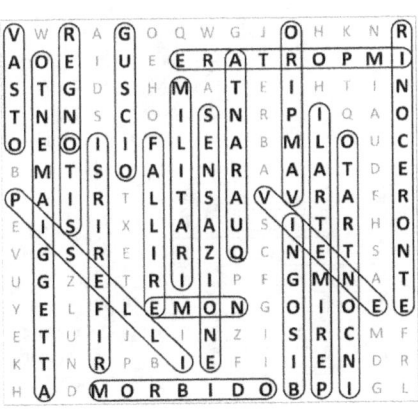

Puzzle 44

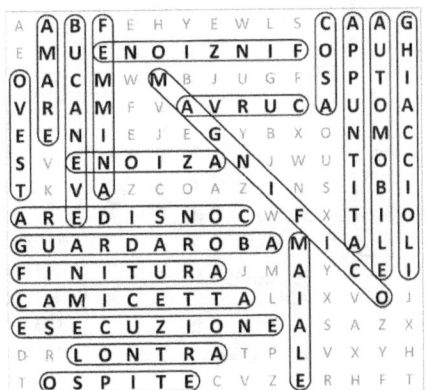

Puzzle 45

Puzzle 46

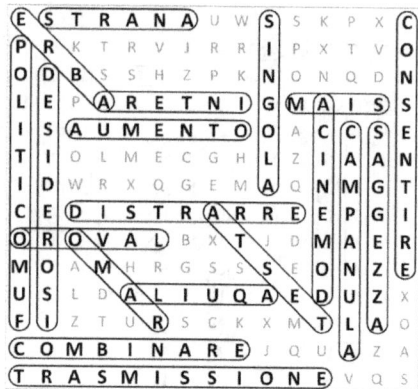

Puzzle 47

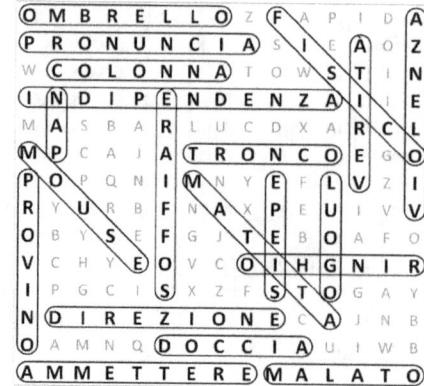

Puzzle 48

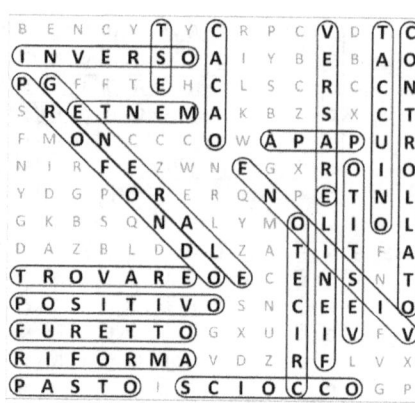

Puzzle 49

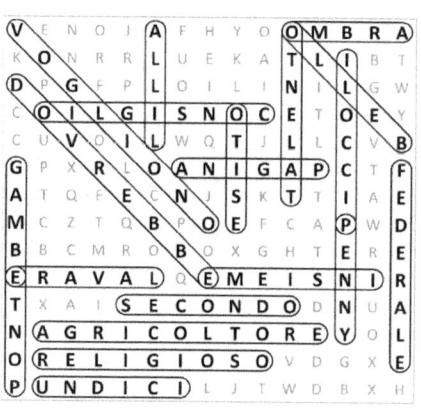

Puzzle 50

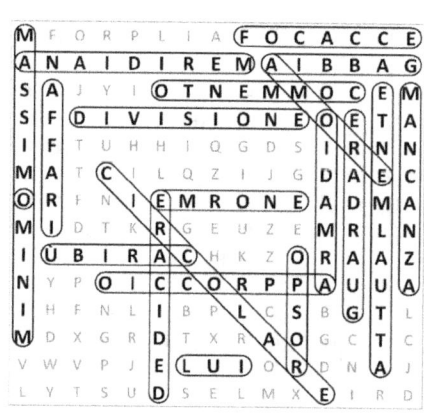

Puzzle 51

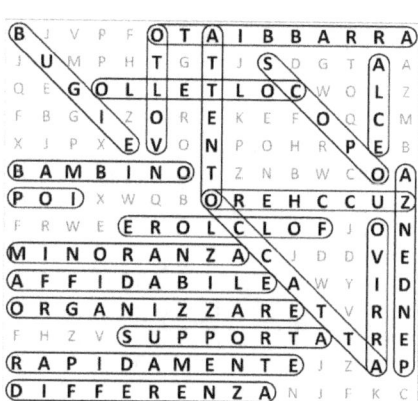

Puzzle 52

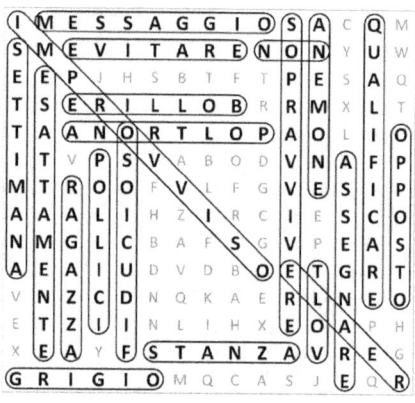

Puzzle 53

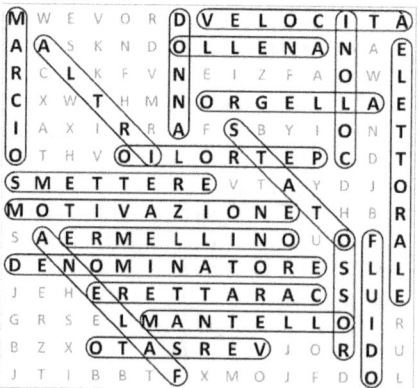

Puzzle 54

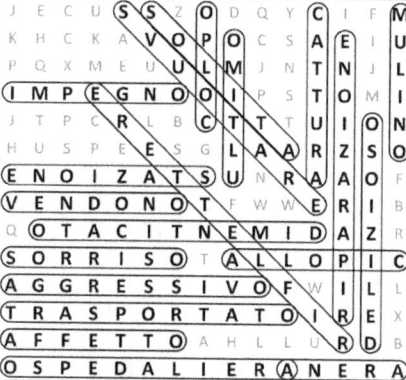

Puzzle 55

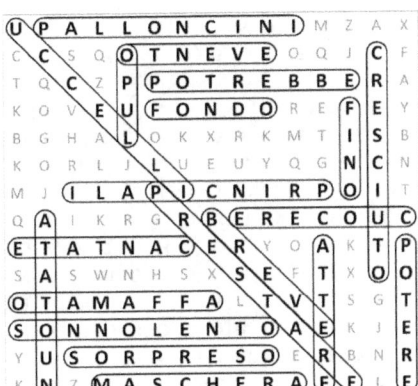

Puzzle 56

Puzzle 57

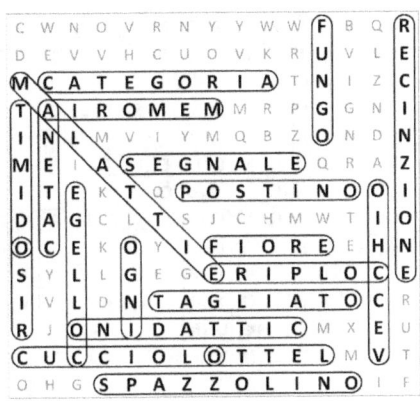

Puzzle 58

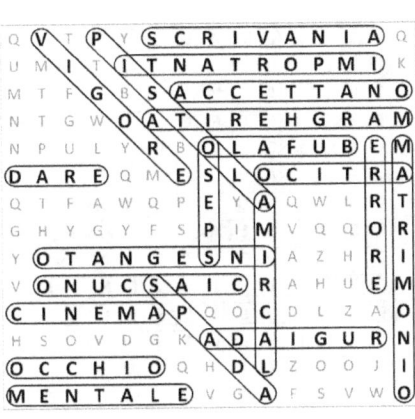

Puzzle 59

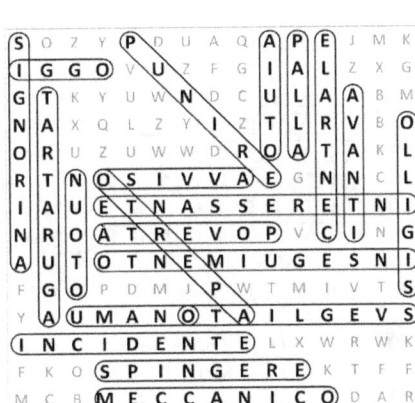

Puzzle 60

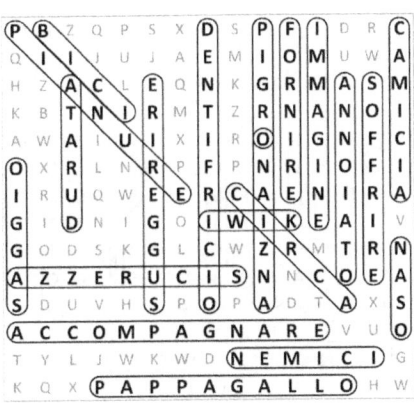

Puzzle 61

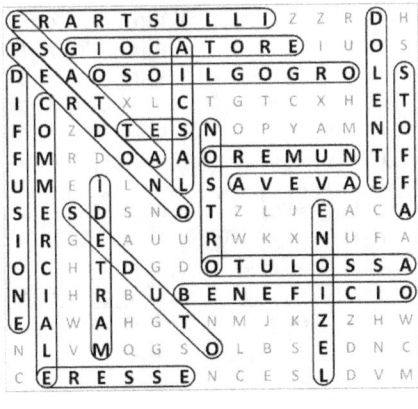

Puzzle 62

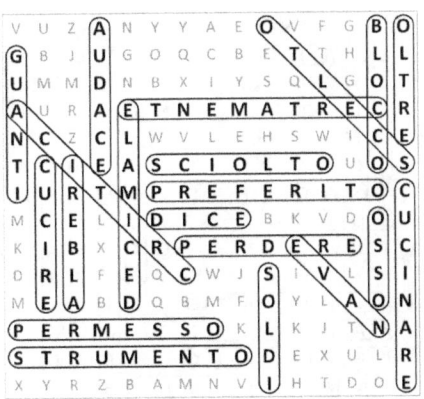

Puzzle 63

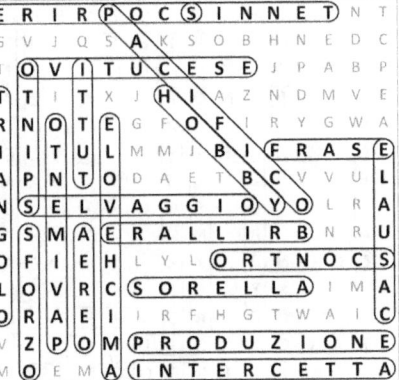

Puzzle 64

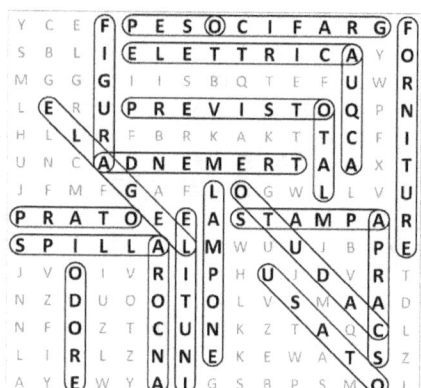

Puzzle 65

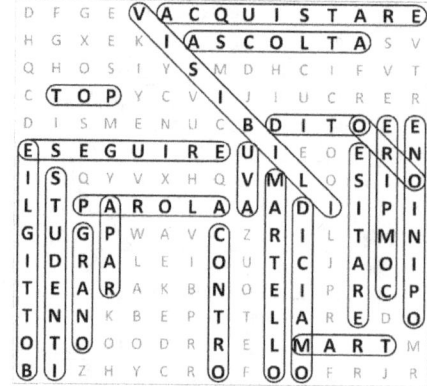

Puzzle 66

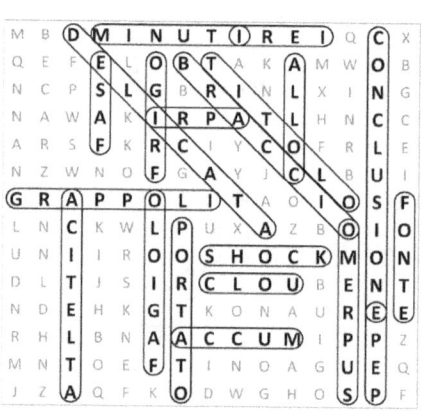

Puzzle 67

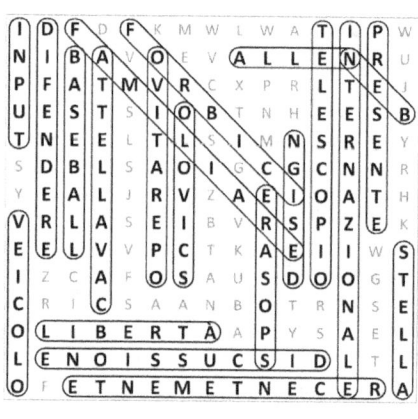

Puzzle 68

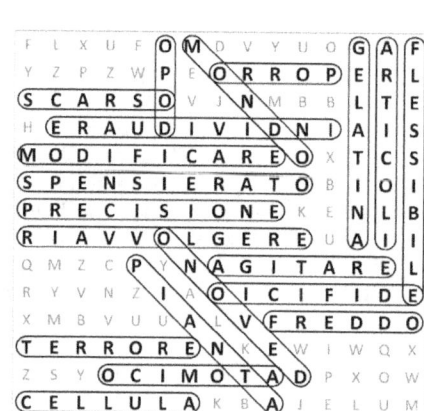

Puzzle 69

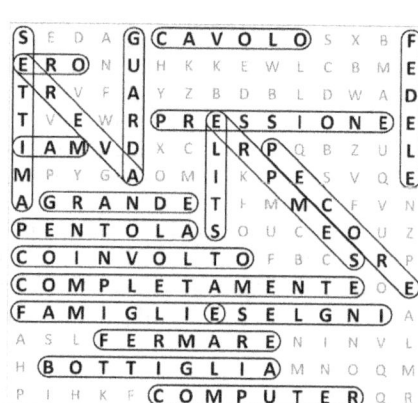

Puzzle 70

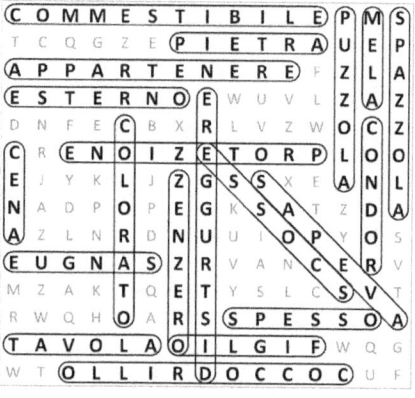

Puzzle 71

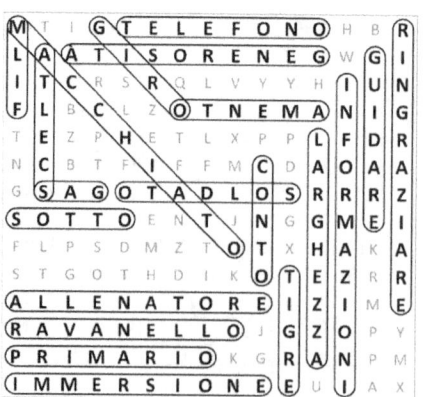

Puzzle 72

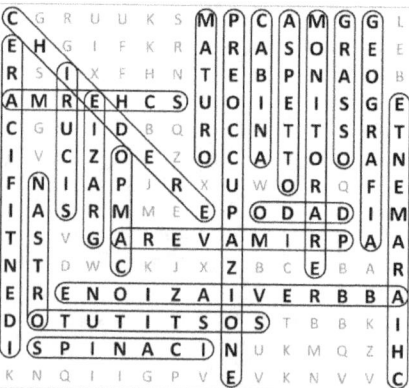

Puzzle 73

Puzzle 74

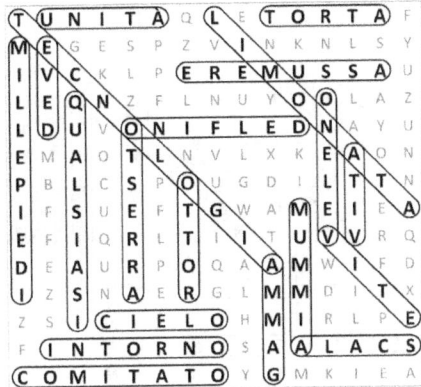

Puzzle 75

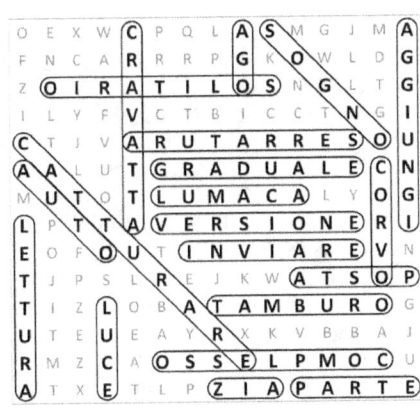

Puzzle 76

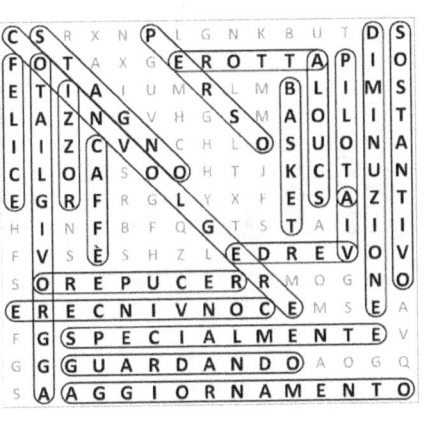

Puzzle 77

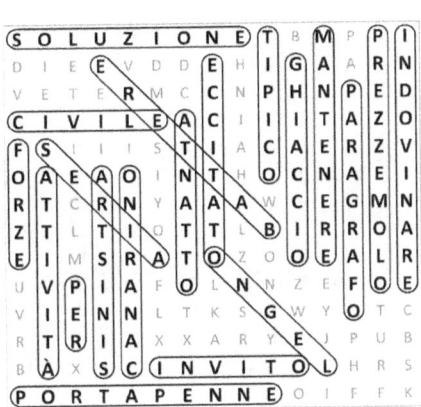

Puzzle 78

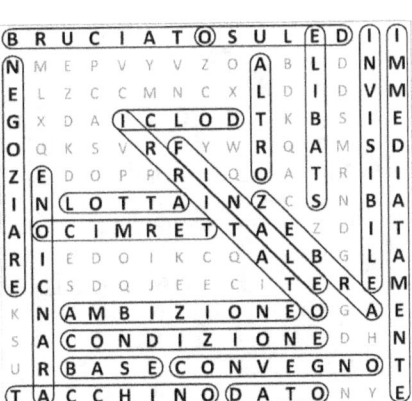

Puzzle 79

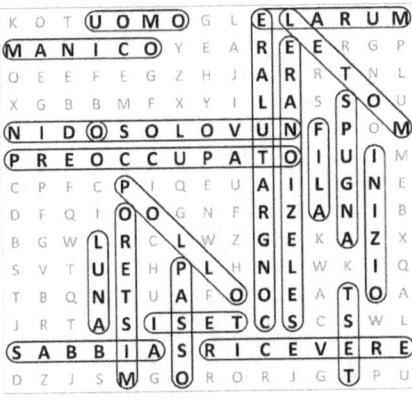

Puzzle 80

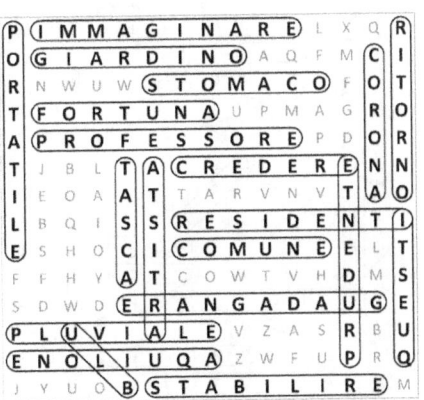

Puzzle 81

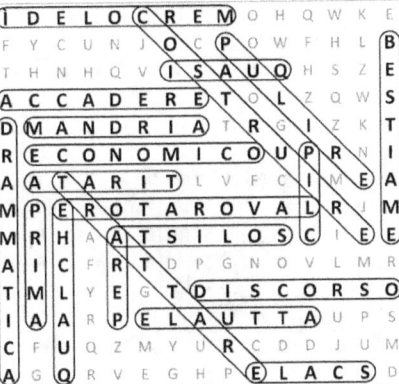

Puzzle 82

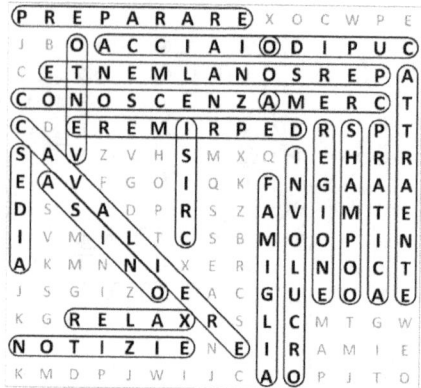

Puzzle 83

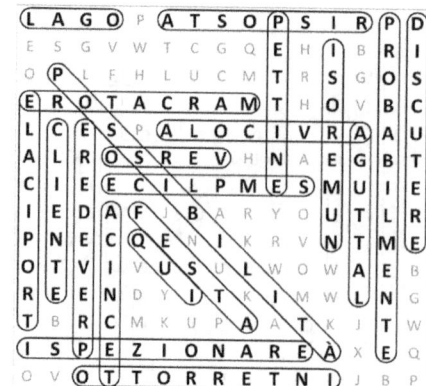

Puzzle 84

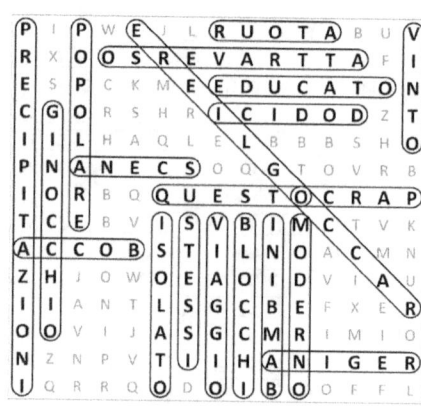

Puzzle 85

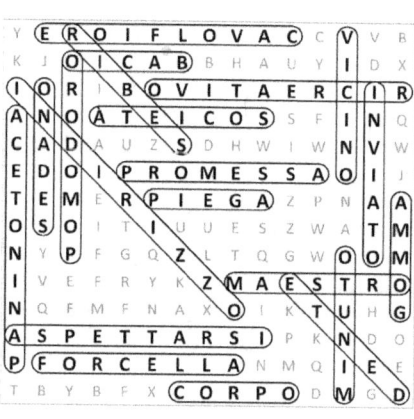

Puzzle 86

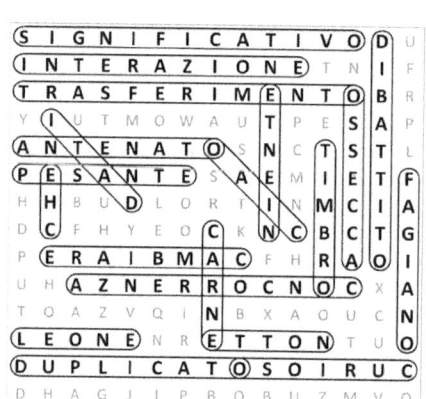

Puzzle 87

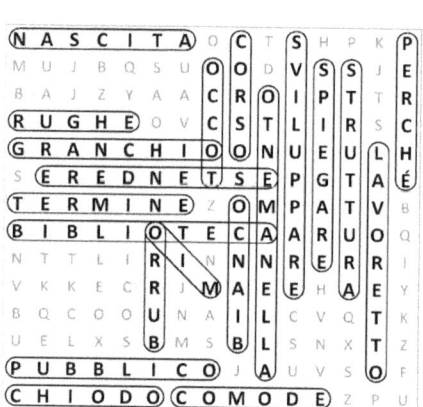

Puzzle 88

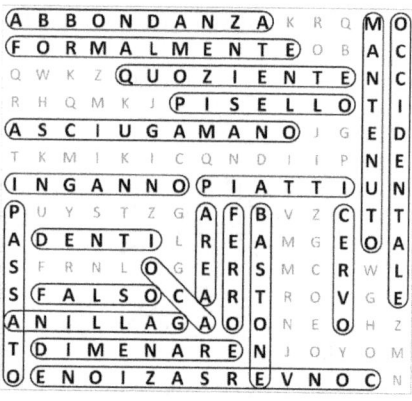

Puzzle 89

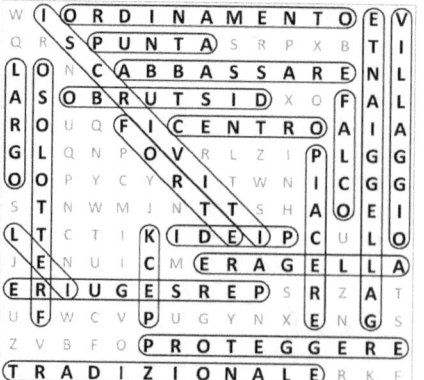

Puzzle 90

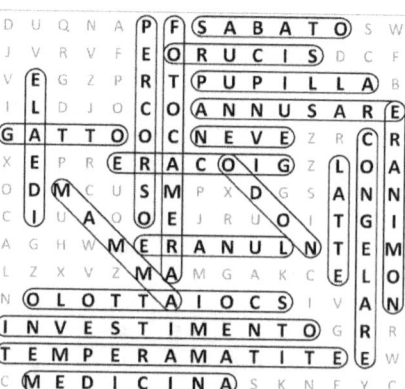

Puzzle 91

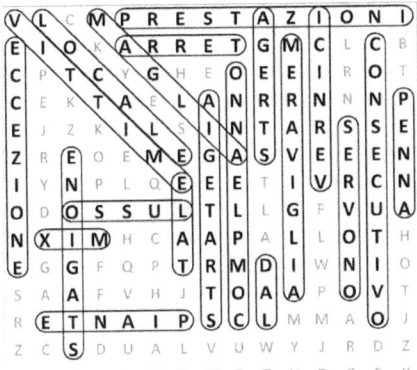

Puzzle 92

Puzzle 93

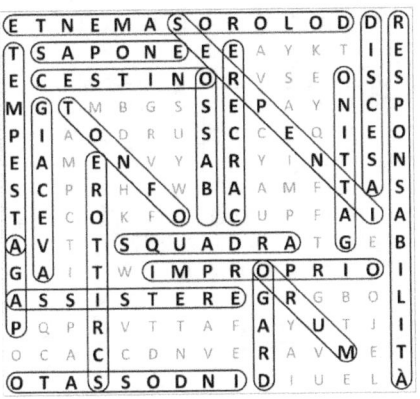

Puzzle 94

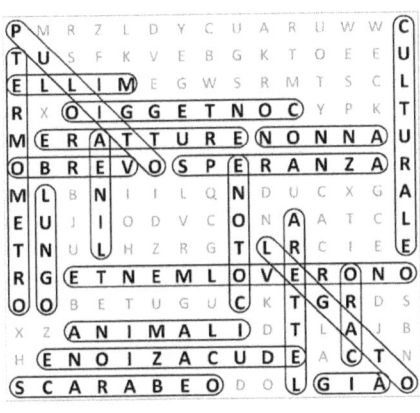

Puzzle 95

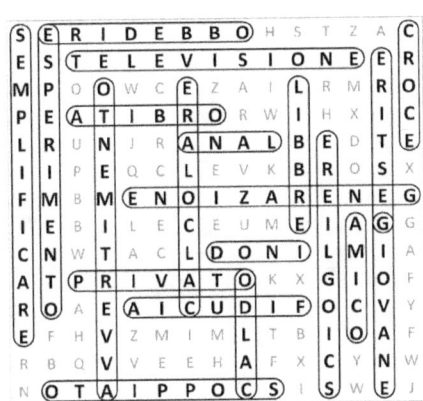

Puzzle 96

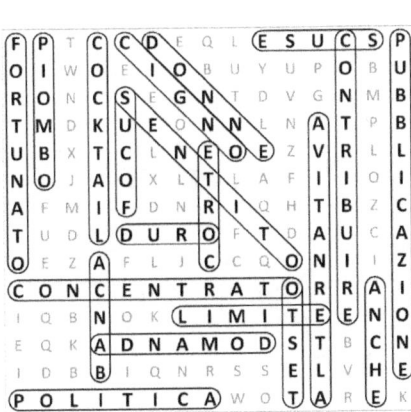

Puzzle 97

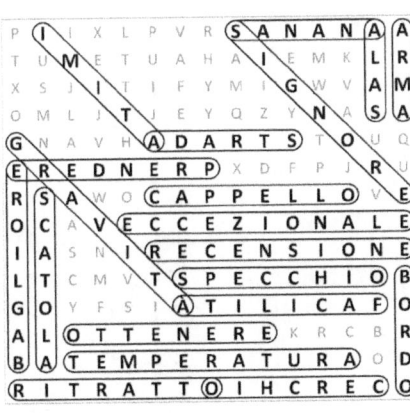

Puzzle 98

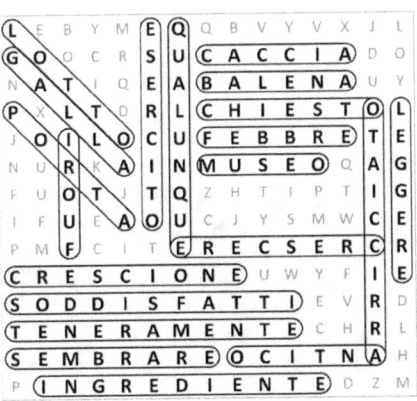

Puzzle 99

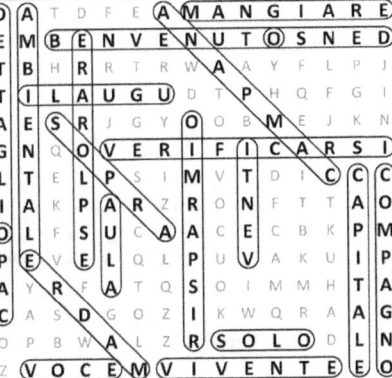

Puzzle 100

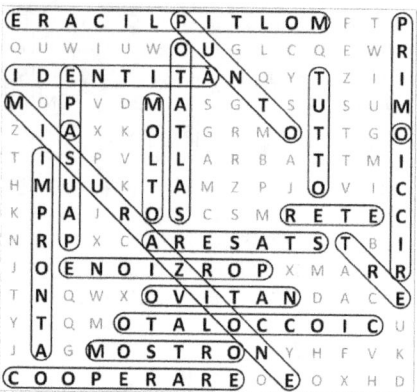

Congratulations

You made it!

We hope you enjoyed this book as much as we enjoyed making it. We do our best to make high quality games.

These puzzles are designed in a clever way to actively spark the brain and make it sharp and quick!
Did you love them?

A Simple Request

Our books exist thanks to the reviews you post on Amazon. Could you help us by leaving a review now?

Here is a short link which will take you to your Amazon orders review page.

BestBooksActivity.com/Review50

MONSTER CHALLENGE!

Challenge #1

Ready for Your Bonus Game? We use them all the time but they are not so easy to find. Here are **Synonyms**!

Note 5 words you discovered in each of the Puzzles noted below (#21, #36, #76) and try to find 2 synonyms for each word.

Note 5 Words from *Puzzle 21*

Words	Synonym 1	Synonym 2

Note 5 Words from *Puzzle 36*

Words	Synonym 1	Synonym 2

Note 5 Words from *Puzzle 76*

Words	Synonym 1	Synonym 2

Challenge #2

Now that you are warmed-up, note 5 words you discovered in each Puzzle noted below (#9, #17, #25) and try to find 2 antonyms for each word. How many lines can you do in 20 minutes?

Note 5 Words from **Puzzle 9**

Words	Antonym 1	Antonym 2

Note 5 Words from **Puzzle 17**

Words	Antonym 1	Antonym 2

Note 5 Words from **Puzzle 25**

Words	Antonym 1	Antonym 2

Challenge #3

Wonderful, this monster challenge is nothing to you!

Ready for the last one? Choose your 10 favorite words discovered in any of the Puzzles and note them below.

1.	6.
2.	7.
3.	8.
4.	9.
5.	10.

Now, using these words and within a maximum of six sentences, your challenge is to compose a text about a person, animal or place that you love!

Tip: You can use the last blank page of this book as a draft!

Your Writing:

Explore a Unique Store
Set Up **FOR YOU!**

MEGA DEALS

BestActivityBooks.com/**TheStore**

Designed for **Entertainment**!

Light Up Your Brain With Unique **Gift Ideas**.

Access **Surprising** And **Essential Supplies!**

CHECK OUT OUR MONTHLY SELECTION NOW!

- Expertly Crafted Products -

NOTEBOOK:

SEE YOU SOON!

Delta Classics Team

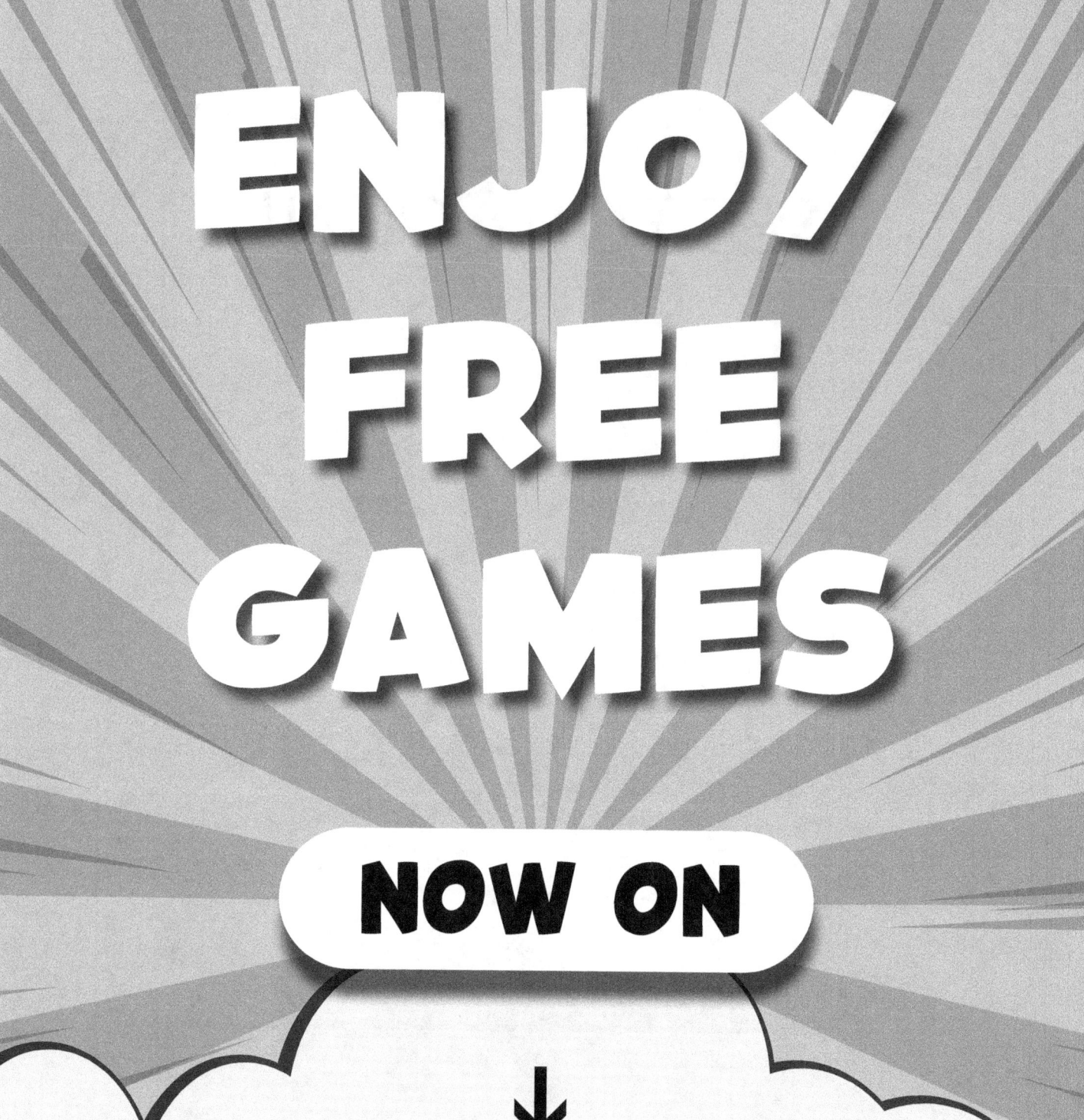

ENJOY FREE GAMES

NOW ON

↓

BESTACTIVITYBOOKS.COM/FREEGAMES